O MANUAL DA EMPRESA ANTIRRACISTA

Adriana Alves

O MANUAL DA EMPRESA ANTIRRACISTA

O MANUAL DA EMPRESA ANTIRRACISTA

Como transformar a sua empresa em uma potência que luta por todos

Planeta ESTRATÉGIA

Preparação: Gabriela Araújo
Revisão: Mariana Gomes e Daniele Debora de Souza
Projeto gráfico e diagramação: Nine Editorial
Capa: Gabriela Pires

DADOS INTERNACIONAIS DE CATALOGAÇÃO NA PUBLICAÇÃO (CIP)
ANGÉLICA ILACQUA CRB-8/7057

Alves, Adriana
O manual da empresa antirracista/ Adriana Alves. – São Paulo: Planeta do Brasil, 2025.
224 p.

Bibliografia
ISBN 978-85-422-3691-0

1. Comportamento organizacional 2. Antirracismo 3. Diversidade racial 4. Empresas – Aspectos sociais I. Título

25-2444 CDD 658.402

Índice para catálogo sistemático:
1. Comportamento organizacional

MISTO
Papel | Apoiando o manejo florestal responsável
FSC® C005648
FSC www.fsc.org

Ao escolher este livro, você está apoiando o manejo responsável das florestas do mundo, e outras fontes controladas

2025
Todos os direitos desta edição reservados à
EDITORA PLANETA DO BRASIL LTDA.
Rua Bela Cintra, 986, 4º andar – Consolação
São Paulo – SP – CEP 01415-002
www.planetadelivros.com.br
faleconosco@editoraplaneta.com.br

Dedico este livro ao meu parceiro, Max,
e às minhas maiores inspirações, Alicia e Olivia.

"Por que escrevo?
Porque eu tenho de
Porque minha voz,
em todos seus dialetos,
tem sido calada por muito tempo."
— Jacob Sam-la Rose

SUMÁRIO

INTRODUÇÃO

"Escrevivendo como quem narra a própria vida,
como quem inventa a própria liberdade,
como quem tece o próprio destino."
— Sueli Carneiro

Sempre que participo de entrevistas ou palestras, ouço a mesma pergunta relacionada à minha jornada no mundo corporativo: "Como você começou a trabalhar nesse meio?". É natural que essa dúvida surja, afinal, queremos entender quais foram os caminhos percorridos para trabalhar com aquilo de que gostamos.

Entretanto, com o tempo, aprendi a ler um pouco além da pergunta e a dividir as expectativas de respostas em dois grupos diferentes: o grupo daqueles que estão genuinamente interessados em ouvir a resposta, e o daqueles que acreditam já tê-la em mente. No segundo caso, o mais comum é ver as caras de decepção quando conto que o caminho que trilhei não está recheado de histórias de superação.

Isso não quer dizer que foi um caminho fácil, nem de longe. É impossível falar de onde vim sem contar um pouco de quem me trouxe ao mundo. Há muita coisa em comum na história dos meus pais: ambos vêm de famílias inter-raciais – mães brancas e pais negros – e são de origem humilde, tendo crescido na região da zona leste de São Paulo. Foi ali que passei grande parte da vida. Apesar das raízes simples, meus pais sempre acreditaram na importância da educação, visão que me foi passada desde pequena.

Eu era uma das poucas crianças no bairro a estudar em escola particular. Fui a primeira pessoa da família a me formar em uma faculdade. Na minha visão, era um privilégio ter toda essa atenção voltada a mim, ainda mais quando pensava em todos os sacrifícios que meus pais faziam para que eu pudesse receber uma educação de qualidade. Por isso, me dedicava muito aos estudos.

Um aspecto que posso apontar desde já como característico do ambiente de escola privada era o quanto ressaltavam a importância de estar em uma faculdade. Meus amigos que estudavam em escolas públicas do bairro não ouviam discursos desse tipo. Ali, a conversa quase sempre girava em torno de escolas técnicas e de formação rápida para se colocar no mercado de trabalho.

E se pensarmos que, no ano de 2022, 47% dos pretos e pardos tinham concluído apenas o ensino básico[1] em um país no qual a educação é um direito constitucional, podemos começar a entender um pouco das diferenças que vemos no mundo corporativo. Um é reflexo do outro. Se desde pequenos somos ensinados a não nos qualificarmos, não é de se surpreender que, ao chegarmos à idade adulta, as barreiras invisíveis que limitam nossos passos e oportunidades sejam maiores.

Se a sociedade na qual vivemos nos ensina, desde a mais tenra idade, a não almejar cargos altos, não sonhar com carreiras acadêmicas e não ambicionar posições de liderança, ela já está, de certo modo, predestinando os papéis que ocuparemos no futuro.

Porém, como mencionei, esse não era meu caso. Eu ouvia falar de faculdade na escola particular em que estudava. Ouvia falar da importância de continuar estudando e de buscar aprofundar meus conhecimentos no ensino superior. E foi o que fiz.

Não foi nada fácil. Nessa época, meus pais já estavam separados, e as despesas da casa passaram a recair muito mais sobre minha mãe. Foram anos muito difíceis. Apesar de entender a importância da faculdade, compreendia que a universidade pública estava fora do meu alcance em uma época em que não existiam cotas raciais e que apenas os estudantes das melhores escolas do país conseguiam ingressar.

Por isso, me matriculei em uma faculdade particular que foi paga com muito suor; com meu trabalho de auxiliar de

1 Dado da Pesquisa Nacional por Amostras de Domicílio Contínua (PNAD Contínua): Educação 2023.

escritório, dormia poucas horas por dia. Minha rotina era equilibrar a vida entre estudos, trabalho e as muitas horas dentro do transporte público em uma cidade com muitas pessoas, longas distâncias e uma vida apressada que nos engole pouco a pouco.

Contando dessa forma, pode até parecer que eu já tinha um plano todo arquitetado, mas nada poderia estar mais longe da verdade. Veja bem, a realidade é que, ao ter acesso a alguns privilégios – ou, só por diversão, vamos chamar de oportunidades –, tais circunstâncias se desenharam para mim.

Com o entendimento de que precisava, de alguma forma, me diferenciar no mercado, passei a estudar inglês. Hoje em dia, isso é um item quase obrigatório no currículo, mas, naquela época, o estudo do idioma não era tão incitado, colocando-se como um diferencial. Diferencial este que me permitiu ocupar vagas importantes em empresas distintas. Foi por falar inglês que consegui trabalhar em corporações alemãs, italianas e japonesas. Quando as oportunidades surgiam, eu as agarrava com força e mostrava o que sabia fazer.

Mas ainda que o elemento de superação que as pessoas tanto almejam não se faça presente de forma tão marcante na minha história, isso não quer dizer que o racismo não tenha estado presente em minha trajetória profissional. Foi ao lidar com o racismo dentro das corporações em que trabalhei e ao perceber o quanto meu caminho era uma exceção, e não a regra, que passei a direcionar cada vez mais minha formação e atuação para promover a diversidade no ambiente corporativo. E é sobre isso que quero falar neste livro.

EU, ESCRITORA

Confesso que ainda me soa um tanto extraordinário pensar que escrevi um livro. Em meus mais de vinte anos de carreira, já participei de tantas palestras, mesas redondas, oficinas e entrevistas que, ao juntar tudo, daria, sim, um livro que poderia rivalizar com *Um defeito de cor*, de Ana Maria Gonçalves, no quesito tamanho – mas não genialidade, veja bem. O que quero dizer é que sempre tive consciência de que o material que produzi ao longo desses muitos anos poderia preencher as muitas páginas de um livro. Contudo, uma coisa é ter essa noção, outra bem diferente é ter o livro em mãos.

Assim como em minhas palestras, quero que você embarque nessa viagem comigo desde as primeiras linhas desta leitura. Partiremos em uma jornada de transformação, conscientização e ação. Cada palavra aqui escrita carrega o peso e a potência de histórias que há muito precisam ser ouvidas. Não foi à toa que comecei esta apresentação contando uma história e muitas outras se seguirão.

Pessoas iguais a mim podem e devem ser ouvidas. São merecedoras das oportunidades que há muito nos são tiradas, para que elas existam em ambientes que parecem não acolhê-las. Neste *Manual da empresa antirracista*, vamos entender o que é o racismo, como ele atua em nossa sociedade, influencia nossas empresas, e, finalmente, como combatê-lo.

Entretanto, é possível que você tenha chegado a este livro sem ter a mínima noção de quem sou, o que não tem problema algum. Nesse caso, permita que eu me apresente um pouco mais. Aliás, preciso ressaltar o quanto acho potente a prática de se apresentar e falar mais de si mesmo, de contar a própria história em primeira pessoa.

Eu sou Adriana Alves, mulher negra oriunda da zona leste de São Paulo, formada em Tradução e Interpretação, tenho MBA em Transformação Digital, especialização em Projetos, Gestão Corporativa, entre outras. Nasci no dia 18 de fevereiro de 1979. Desde muito cedo, sempre fui muito curiosa. Curiosa e observadora. Sou a mais velha de três irmãos, uma do meio e um caçula. Tenho duas filhas, Alicia e Olivia, os grandes amores da minha vida.

Minha história, por mais singular que pareça, é o reflexo de outras tantas vozes que ecoam em uma trajetória marcada pela busca por equidade. É uma história compartilhada por aqueles que anseiam por um futuro em que equidade, diversidade e inclusão sejam mais do que palavras bonitas para preencher discursos, mas realidades tangíveis, que podem ser vistas e vividas nas estruturas que formam as empresas e a sociedade brasileira. Sou quem sou hoje graças às conquistas e aos desafios que me moldaram e me tornaram apta a buscar, por meio deste livro que você agora tem em mãos, demonstrar na prática como empresas podem se tornar antirracistas.

O processo de pesquisa para a escrita deste livro foi também um processo de reviver lembranças. Assisti a palestras, revi minha participação no TEDx São Paulo, briguei comigo mesma por algumas escolhas de palavras, de figurinos e abordagens e me elogiei por tantas outras. Buscando inspiração em mim mesma, no meio do caminho, me dei conta de uma coisa muito importante. Apesar de ser eu a escrever este livro, ele fala além de mim.

Ele não deve ser recheado apenas com histórias minhas, porque isso seria correr o risco de repetir a falácia da história única, tão bem ilustrada pela autora nigeriana Chimamanda Ngozi Adichie.

Somos tantos no Brasil: mais de 55,5% da população brasileira se autodeclara **preta ou parda** (Censo IBGE, 2022). Como poderia eu falar por todos? Impossível. É por isso que este é um livro que alia teoria e prática por meio de histórias – muitas histórias. Escrito por muitas mãos, muitas mentes e muitas vivências.

A IMPORTÂNCIA DAS HISTÓRIAS

Em meio a essa espiral de pensamentos, me peguei pensando nas palavras da grande linguista e autora brasileira Conceição Evaristo, que fala da importância de registrar a memória das nossas contribuições para que sirvam de combustível para inspirar a mudança. Com isso, a ideia se desenhou em minha mente.

As histórias são subjetivas. Quando comecei a escrever este livro, tive que superar a relutância que tinha em colocar as ideias no papel. Como posso, sendo uma única pessoa, representar um grupo tão complexo? A verdade é que não posso e nem devo tentar falar por todos, porque cada pessoa deve contar a própria história. Não cometeria esse erro.

Durante muito tempo, as histórias dos pretos e pardos brasileiros foram narradas por outros. Essas vozes externas moldaram a maneira que fomos vistos e, muitas vezes, como passamos a nos enxergar. Um distanciamento responsável por narrativas incompletas, repletas de estereótipos e limitações que serviam ao propósito de reduzir a nossa diversidade.

Recuperar a nossa voz é mais do que uma questão de representatividade, é um ato de reconstrução e de reivindicação do nosso lugar na história. É um movimento para que nossos traços, desafios e conquistas sejam enfim contados a partir do nosso olhar. Enquanto escrevia, percebi que meu trabalho é parte de algo maior: a criação de pontes e diálogos que nos conectam e permitem que cada voz seja ouvida.

E é por isso que você vai encontrar, no fim de cada capítulo deste livro, um relato que ilustra o que foi explicado. Esses relatos vêm de muitos lugares diferentes: pessoas que falaram comigo após palestras, relatos espontâneos que chegam pelas minhas redes sociais, histórias que mostram como experiências individuais formam um todo universal. São as *Vozes da realidade*.

Isso porque, nos meus tantos anos no meio corporativo, carrego não apenas as experiências adquiridas em minha jornada, mas também as lições aprendidas ao longo de todo esse tempo. Aprendi com a minha trajetória e com as de tantas outras pessoas negras que vieram antes de mim. Vi de perto as oportunidades oferecidas e os muitos desafios enfrentados por organizações que buscam construir ambientes mais inclusivos e equitativos. Como sabemos, essa é uma prática bastante recente e que ainda precisa ser estruturada para que se torne de fato viável.

Escrever o *Manual da empresa antirracista* é uma motivação que tem como fruto a urgência em compartilhar o conhecimento, as experiências e as práticas que acredito serem importantes para guiar grandes organizações que buscam ambientes de trabalho verdadeiramente inclusivos. O que isso quer dizer?

DIVERSIDADE DE VERDADE

Um ambiente de fato inclusivo não existe apenas em momentos de celebração de datas importantes. Você sabe bem do que estou falando e, se não souber, basta perguntar a qualquer pessoa negra no mundo corporativo como fica sua agenda em meados de novembro. Mais especificamente, bem perto do dia 20, Dia da Consciência Negra.

A resposta vai ser: *lotada*. Eventos, discursos, palestras, oficinas, tudo para mostrar ao mundo que aquela empresa valoriza a diversidade durante um mês em que ela se torna tão visível. Mas o ano não tem doze meses? Então por que limitar as ações a apenas um? Um ambiente de trabalho verdadeiramente inclusivo vai além das aparências e toca nas práticas cotidianas. E apesar de, neste livro, falarmos de práticas relacionadas à população preta e parda, vemos que esse tipo de comportamento não se restringe a ela.

Em junho, é a população LGBTQIA+. Em março, as mulheres. Em abril, a população indígena. E, no geral, empresas estão sempre prontas para promover a diversidade quando essa prática se torna moda e a rechaçar mudanças estruturais verdadeiras.

Vemos exemplos disso por toda parte. Mais recentemente, chamou a atenção uma empresa cujo slogan diz "De mulher para mulher", mas que, na verdade, não tinha nenhuma mulher em seu quadro de executivos.[2] Ou então, empresas que se orgulham de ter equipes diversificadas, mas que, na prática, não dão as mesmas oportunidades de promoção para pessoas negras.

É um desafio, eu sei. E é por isso que aqui você aprenderá exatamente como sua empresa pode se tornar antirracista na prática. Afinal, sua empresa pode até ter iniciativas para a contratação de profissionais negros, mas se esses profissionais não são ouvidos, valorizados e respeitados no dia a dia, a diversidade se torna apenas uma fachada.

Em ambientes como esses, nos quais a inclusão é superficial, o que temos não é a promoção do verdadeiro respeito e igualdade. Pelo contrário, ela serve apenas para perpetuar desigualdades, ainda que de forma sutil. É por isso que este livro é necessário: para ajudar as empresas a fazerem uma diferença real, criando espaços nos quais todas as pessoas, independentemente da cor, possam crescer, contribuir e se sentir parte de um coletivo que realmente valoriza cada indivíduo.

Ambientes em que a diversidade é vista não apenas como um valor a ser celebrado, nos moldes do famoso discurso de "temos até funcionários negros", mas como um pilar essencial para a inovação, competitividade e sucesso sustentável. Pilar esse que já existe em nossa sociedade e precisa estar refletido nas empresas.

2 DE MULHER para mulher: Marisa passa a ter conselho 100% masculino. InvestNews, [S. l.], [2022]. Disponível em: https://investnews.com.br/negocios/de-mulher-para-mulher-marisa-passa-a-ter-conselho-100-masculino/. Acesso em: 12 mar. 2025.

A IMPORTÂNCIA DA EDUCAÇÃO

Talvez você se lembre de que começamos esta conversa ressaltando a importância das oportunidades de educação. Não foi à toa. As empresas precisam dialogar com o setor educacional para construirmos uma sociedade mais inclusiva. Elas têm a responsabilidade social de investir tanto em educação quanto em diversidade, promovendo a conscientização entre os colaboradores e incentivando o letramento interno.

Este livro é um convite para que lideranças e empresas abracem a complexidade da luta antirracista, compreendendo que a verdadeira transformação vai muito além de boas intenções. É uma mudança que exige ação consciente, contínua e comprometida. Não se trata apenas de implementar políticas ou cumprir metas de diversidade, e sim de mergulhar fundo na realidade, reconhecendo os desafios históricos e estruturais que enfrentamos. É um chamado para que todos assumam a própria responsabilidade na criação de espaços nos quais a igualdade seja vivida e não apenas desejada.

A persistência do racismo no ambiente de trabalho não é apenas certa mancha em nossa consciência coletiva; é um obstáculo direto ao progresso e à inovação. Relatos de microagressões (que de micro não têm nada), nos quais comentários e ações aparentemente inofensivos carregam um peso discriminatório, são apenas a ponta do iceberg de um problema muito maior.

Essas pequenas, mas constantes, agressões minam a autoestima e a confiança dos indivíduos, e o resultado disso é um ambiente de trabalho que não faz nada além de hostilizar e excluir. Além disso, os processos de recrutamento e promoção são muitas vezes desenhados para favorecer inconscientemente um perfil específico, o que só mantém a falta de diversidade e a predominância de um grupo privilegiado. Isso fica claro na falta de representatividade em cargos de liderança, nos quais pessoas de grupos minorizados quase não aparecem ou são totalmente excluídas.

Este manual é fruto de uma vida dedicada à causa da equidade e justiça social, e espero que sirva como um farol para organizações que desejam não apenas se adaptar às exigências de um mundo em constante mudança, mas liderar pelo exemplo, construindo um futuro no qual todos tenham espaço para crescer, contribuir e prosperar.

E, ao contrário do que muitas pessoas pensam, essa não é uma luta que deve partir apenas das pessoas negras. Como bem disse Jeferson Tenório, autor e vencedor do prêmio Jabuti de 2021 na categoria romance literário, no livro *O avesso da pele:* "Pensava se eles, em algum momento da vida, se perguntaram por que seus parceiros eram brancos e não negros. Talvez isso jamais tenha sido um problema para as pessoas brancas".

A exclusão de pessoas negras dos ambientes corporativos perpetua estigmas antigos que, desde o início, hierarquizam e distorcem as narrativas sobre as pessoas negras, relegando-as a papéis secundários ou invisíveis. Isso não apenas reforça preconceitos históricos como ainda limita o potencial de inovação e crescimento das empresas.

Construir um ambiente inclusivo é parte de um esforço coletivo, não individual. Essa construção deve partir de todos os níveis da organização e, para tal, é necessário comprometimento para criar uma cultura organizacional que consiga reconhecer e valorizar a diversidade, que garanta que as vozes dentro da empresa serão ouvidas e as pessoas terão suas experiências respeitadas. A mudança real só acontece quando todas as pessoas, independentemente da posição que ocupem dentro da empresa, se unem para desafiar as estruturas de opressão e rumar juntos em direção à equidade.

As políticas de DEI (Diversidade, Igualdade e Inclusão) e a luta antirracista são dinâmicas, refletindo a sofisticação e as múltiplas facetas do racismo estrutural. Para enfrentar novas estratégias de exclusão, é essencial buscar dados sempre atualizados. Recomendamos acessar plataformas e relatórios anuais de ESG das empresas citadas neste *Manual*. Acompanhe essas organizações em redes sociais para insights em tempo real e não subestime o poder da informação no combate à desigualdade.

Então, faço o convite para que você me acompanhe nesta jornada. Aqui, você vai aprender como transformar o panorama corporativo atual e criar uma empresa que não apenas discurse sobre diversidade e inclusão, e sim que viva esses valores nas decisões. Boas-vindas ao *Manual da empresa antirracista*.

CAPÍTULO 1

ENTENDENDO O RACISMO ESTRUTURAL

"O racismo é um sistema de opressão que nega direitos, e não um simples ato da vontade de um indivíduo."
— Djamila Ribeiro, *Pequeno manual antirracista*

O SISTEMA INVISÍVEL

No que você pensa quando ouve a palavra racismo? Existem algumas imagens que são mais fortemente associadas a essa palavra e pode ser que uma delas tenha surgido em sua mente. Quem sabe alguma cena de discriminação aberta, ou algum momento em que viu uma pessoa ser maltratada por alguém e que ficou explícito que aquilo aconteceu por ser tratar de uma pessoa negra. De fato, essas imagens carregam em si muita dor e muito do significado que temos de racismo em nossas mentes, com frequência ilustrando livros e matérias que falam do tema. Porém, a pergunta que fica e que precisa ser respondida é: será que o racismo é sempre assim tão evidente? O racismo pode se manifestar de formas tão diferentes e, por vezes, tão sutis, que acabam passando despercebidas. Sabia disso?

E tão importante quanto esse questionamento é entender se você já parou para pensar que o racismo pode não ser uma atitude individual, mas sim coletiva. Nesse caso, estou falando de quando ele está escondido em algumas práticas, tão bem camuflado que, por vezes, pode até parecer que não existe. O racismo também pode se fazer presente em sistemas, tão enraizado que alguns acreditam até que não se trate de racismo. É desse caso que vamos falar no primeiro capítulo: o **racismo estrutural**. A ideia aqui é refletirmos juntos para entender como essas estruturas podem afetar a vida de milhões de pessoas todos os dias, muitas vezes pessoas que fazem parte do nosso convívio dentro das empresas e, ainda assim, passarem despercebidas.

O racismo estrutural está bem lá no fundo das nossas instituições e do funcionamento da sociedade em que vivemos. Tão enraizado que, para tirá-lo, parece até que seria preciso arrancar toda a árvore de uma vez. Ele é um sistema bastante complexo e que fala mais do coletivo do que de atitudes individuais, mas que, veja bem, não está desconectado delas. Podemos perceber o racismo estrutural se manifestando em padrões, práticas e políticas que, bem discretamente, de uma forma sutil e contínua, servem para estabelecer e manter desigualdades raciais em diversas áreas da sociedade em que vivemos.

Quando falamos em racismo individual, estamos falando das palavras discriminatórias e ações violentas que geralmente são associadas ao termo. Contudo, no caso do racismo estrutural, temos uma prática que molda e influencia a forma como convivemos enquanto sociedade. Explicando de um jeito mais prático, o racismo estrutural influencia desde o acesso ao trabalho, à educação e à saúde, até como determinados grupos são representados na mídia e como são ouvidos em processos políticos.

E a não ser que uma empresa tenha sido criada em Marte, ela faz parte de uma sociedade. Não é difícil compreender isso. A empresa como instituição presta serviços para a sociedade em que está inserida e, dessa forma, também está sujeita às suas políticas. Por isso, compreender o que configura o racismo estrutural, como ele se manifesta e quais são os possíveis caminhos para que uma mudança possa ocorrer é tão importante. Ao entender como esse sistema funciona, podemos ver com outros olhos as desigualdades sociais que se mantêm e se reproduzem ao longo do tempo.

Foi por isso que achei tão importante abrir este livro com um capítulo que se aprofundasse nos conceitos do racismo estrutural. Para combatê-lo, primeiro é preciso compreendê-lo. Aqui, vamos desvendar as complexidades dessa prática e mostrar como ele se infiltra em diferentes aspectos da vida cotidiana. E, como você pode imaginar, qualquer empresa que queira ser antirracista precisa, antes de mais nada, entender quais são os tipos de racismo que podem ser praticados na estrutura corporativa. É assim que se torna possível caminhar para um ambiente que de fato promova a equidade.

É por meio desse entendimento que podemos perceber que as leis e as políticas constroem barreiras que limitam o acesso a oportunidades para certas pessoas. Quem não é diretamente afetado por esses obstáculos nem os percebe, mas pode ter toda a certeza de que as consequências são profundas e constantes para aqueles que são marginalizados.

Se este é um *Manual da empresa antirracista*, então precisamos todos partir de um amplo entendimento do que é o racismo. Assim, munidos do conhecimento necessário para identificar e combater o racismo em suas diferentes formas, podemos pensar em ações estratégicas que de fato contribuam para transformar o ambiente do trabalho.

GLOSSÁRIO

Antes de continuarmos, é essencial conhecermos algumas estratégias para adotar uma linguagem mais simples e inclusiva. Para isso, selecionei alguns termos importantes, entre muitos, que podem nos ajudar a entender a necessidade de adaptar nossa comunicação, seguindo as diretrizes da APA (sigla em inglês para Associação Americana de Psicologia):

<u>acesso</u>

Eliminar a discriminação e as barreiras que contribuem para a desigualdade das oportunidades de pessoas a uma determinada categoria de trabalho.

<u>aliado/aliados</u>

Pessoas que reconhecem os privilégios imerecidos de que gozam por pertencerem a grupos favorecidos da nossa sociedade. Engloba, sobretudo, a branquitude, o gênero masculino, o cristianismo, a heterossexualidade, a cisgeneridade e outras entidades. Adotar uma perspectiva interseccional é fundamental quando pensamos em como diferentes sistemas de opressão se sobrepõem e em qual impacto eles têm na vida das pessoas. Um verdadeiro aliado está disposto a agir com os outros e por eles, buscando eliminar a opressão e criar igualdade. Vale lembrar que ser aliado não é um rótulo que você atribui a si mesmo, e sim um papel que transparece por meio de ações contínuas.

aliado performativo

Termo que se refere a uma pessoa de grupo não marginalizado que presta apoio e solidariedade a um grupo marginalizado, mas acaba não ajudando de fato. O que é ainda pior é que, por vezes, esse aliado pode acabar prejudicando a causa. Em muitos casos, o "aliado" pode ser motivado por algum tipo de recompensa, como elogios ou feedback positivo nas redes sociais.

capacidade de resposta cultural

Significa conseguir entender e valorizar perspectivas diferentes trazidas pelas pessoas para uma interação. É mais do que reconhecer as diferenças, mas se esforçar para aprender sobre outras culturas e, assim, criar espaços em que a diversidade seja de fato respeitada e integrada ao dia a dia.

decolonização

Nome que se dá ao processo que tem como objetivo desfazer os impactos causados pela dominação histórica em populações subordinadas a poderosos estrangeiros.

discriminação

Palavra que se aplica ao tratamento de forma injusta ou diferenciada de outras pessoas. Esse tratamento pode ocorrer por diversos fatores, como idade, a identidade e expressão de gênero, a raça, a etnia, a religião que seguem, o país de onde vêm, o status de imigração, o idioma falado, o fato de terem alguma deficiência, o status socioeconômico. A discriminação pode ocorrer de forma individual, institucional ou estrutural. É válido ressaltar que um tratamento diferenciado dessa forma tem o objetivo de favorecer certos grupos em detrimentos de outros. Assim, ele contribui para restringir as oportunidades que são dadas a quem faz parte dos grupos marginalizados. As identidades que levam à discriminação podem ser reais ou percebidas.

diverso

Envolve a representação ou composição de vários grupos de identidade social em um grupo de trabalho, organização ou comunidade. Ao utilizar esse termo, tem-se como foco as identidades sociais que refletem diferenças sociais tanto em poder quanto em privilégio e que causam a marginalização de alguns grupos baseada em características específicas.

generalização

Quando alguém generaliza, está utilizando-se de um conceito, princípio ou teoria criada como base em um número limitado de casos para julgar e aplicar de forma mais ampla, usando-se da parte para discriminar o todo.

maioria global

Esse termo é utilizado como forma de incentivo para que descendentes de africanos, asiáticos, latino-americanos e árabes reconheçam que, quando juntos, constituem cerca de oitenta por cento das pessoas no mundo. O objetivo é reconhecer que a branquitude não é a norma global.

privilégio

Poder ou vantagem que, em grande parte dos casos, é distribuído de forma desigual. Pode se manifestar de muitas formas, como direitos, benefícios ou oportunidades que uma pessoa e/ou grupo só têm por se encaixarem em determinado padrão.

programas preparatórios

Esses programas buscam promover o acesso e diminuir as barreiras que separam os grupos marginalizados do acesso à educação, a uma formação ou a um progresso de carreira, e que são fundamentais para fomentar a equidade.

Sul Global

Quando se fala em Sul Global, as referências são a América Latina, a Ásia, a África e a Oceania que, em maioria, englobam países de baixos rendimentos e pessoas marginalizadas no âmbito político ou cultural.

O QUE É RACISMO ESTRUTURAL?

É claro que precisaríamos começar esta conversa explicando de forma mais aprofundada e detalhada o que é o racismo estrutural, mas, para defini-lo, primeiro vamos falar do racismo em si.

Quando falamos de racismo, estamos mencionando uma forma de discriminação que não é nada nova. Pelo contrário, é sistematizada e está enraizada em nossa sociedade, tendo como base a raça e podendo se manifestar de diversas formas, conscientes ou inconscientes.

O resultado dessa discriminação são desvantagens para alguns e privilégios para outros e, como já vimos antes, os dois estão intimamente ligados. A depender do grupo étnico a que uma pessoa pertence, ela pode encontrar um caminho mais ou menos difícil à frente. E é também importante entender que apesar de a conexão entre o racismo, o preconceito e a discriminação racial ser bem forte, há algumas nuances que permitem diferenciar os três conceitos. É isso que vamos aprender melhor agora.

Vamos começar falando do preconceito racial, que, em resumo, é quando alguém faz um julgamento antecipado sobre pessoas de determinados grupos. Na maioria das vezes, esse preconceito nasce de estereótipos amplamente generalizados, podendo levar a práticas discriminatórias. Um exemplo seria acreditar que pessoas negras são naturalmente violentas ou que pessoas de descendência árabe são fanáticas religiosas. Esses conceitos se sustentam em estereótipos e, quando disseminados, reforçam visões distorcidas que acabam alimentando e perpetuando o racismo.

Já a chamada discriminação racial se refere a um tratamento diferenciado dado a membros de grupos identificados racialmente. O resultado direto pode ser uma vantagem ou desvantagem baseada apenas na raça. Para que a discriminação racial ocorra, um poder efetivo precisa existir, pois quem permite que tais desigualdades sejam impostas é exatamente esse poder. E essa discriminação pode se dividir em duas categorias: direta ou indireta.

A direta se refere a um preconceito óbvio e para lá de explícito que tem, como resultado, um repúdio aberto a indivíduos ou grupos por causa da raça. Um exemplo evidente é quando pessoas são proibidas de entrar em um país por sua etnia, ou estabelecimentos comerciais que se recusam a atender pessoas de certos grupos.

A indireta, no entanto, é bem mais sutil. Nesse caso, a intenção de discriminar não é óbvia, mas nem por isso deixa de gerar desigualdades para lá de significativas. Pense, por exemplo, em quando particularidades e necessidades de grupos minoritários são negadas, como em aeroportos que disponibilizam capelas com cruzes católicas para rezar, mas não possuem áreas correspondentes para pessoas de outras religiões.

Outro exemplo é a imposição de regras que, apesar de tentarem parecer neutras, acabam prejudicando um grupo de forma desproporcional. As políticas de neutralidade racial dentro de empresas se encaixam nessa categoria, porque não levam em consideração as barreiras sociais e econômicas que pessoas de determinados grupos raciais enfrentam. O melhor termo para explicar a discriminação racial indireta seria o famoso "falta de consideração".

É a falta de consideração pelas consequências da aplicação dessas normas ou práticas. Porque, como ressaltei, apesar de talvez não terem a intenção de serem discriminatórias, temos, sim, a perpetuação da desigualdade racial.

E, agora, chegou a hora de falarmos do racismo – e de você entender a importância de mencionarmos essas outras categorias antes. O racismo vai além de tudo isso. É o que acontece quando essas crenças são institucionalizadas, quando elas passam a fazer parte das práticas e políticas que regem uma sociedade.

Para entender melhor, é importante saber que o racismo vai muito além de um preconceito pessoal. Ele se enraíza em sistemas de poder, servindo para beneficiar certos grupos raciais em detrimento de outros. O preconceito racial pode ser visto como uma crença ou atitude individual; a discriminação racial, como um tratamento injusto que surge dessas crenças; e, por fim, o racismo é quando essas práticas se institucionalizam. É transformar o preconceito em uma norma econômica, social e política, impactando diretamente as oportunidades e a vida das pessoas com base na raça.

E agora que já entendemos tudo isso, está na hora de falarmos do tal racismo estrutural. Aqui, temos duas palavras diferentes, mas bem conectadas. Já falamos do termo racismo que, historicamente, era utilizado para separar pessoas em categorias de acordo com características físicas e culturais, buscando estabelecer hierarquias e, assim, justificar a dominação de um grupo por outro.

Josiah Nott, antropólogo e epidemiologista do século 19, que, por um acaso, também era proprietário de escravizados, disse: "A inferioridade dos negros é visível em suas características físicas, mas também em suas capacidades intelectuais, morais e culturais".[1]

Veja bem: essa frase não foi proferida em mil duzentos e bolinha. Nott viveu de 1804 a 1873. Se fizer os cálculos, verá que não faz nem 160 anos que ele morreu. Um dos defensores do racismo científico, Nott se utilizava do discurso da inferioridade racial dos negros para justificar a escravidão e lucrar com ela, visto que também comercializava pessoas escravizadas.

Vamos agora passar para a palavra estrutural, do latim *structura*, que se refere a uma construção ou um arranjo. Quando falamos de racismo estrutural, estamos nos referindo ao racismo incorporado nas bases de instituições sociais, políticas e econômicas. É um sistema de desigualdades e discriminação que não é apenas o resultado de ações individuais como ainda está integrado e normalizado nas estruturas que governam a sociedade. Esse sistema colabora para que certos grupos raciais sejam subordinados e marginalizados.

É como uma força invisível, mas muito, muito poderosa, uma massinha que molda as instituições, práticas e interações do dia a dia. É fundamental entender esse conceito antes de continuarmos nossa conversa, porque ele será muito, muito utilizado.

Falamos de racismo estrutural quando queremos desvendar as complexidades da desigualdade racial; falamos dele para

1 NOTT, Josiah Clark. *Two Lectures on the Connection Between the Biblical and Physical History of Man*: Delivered by invitation from the chair of political economy of the Louisiana University in December, 1848. New York, 1849. p. 23, 41.

refletir o quanto a discriminação está enraizada nas estruturas da sociedade em que vivemos; falamos de racismo estrutural para entender porque o acesso à educação e ao emprego e até a representação na mídia e o tratamento pelo sistema de justiça são diferenciados de acordo com a cor da pele.

É desconfortável falar disso. Sei que é. Vejo que muitas pessoas têm tendência a acreditar que negros amam falar de racismo, e isso é mentira. Acredite: tudo o que eu mais queria era não ter que pronunciar mais essa palavra. Contudo, dizendo ou não dizendo, ele existe, eu o vivencio. E se incomoda é porque tem que ser falado. Até porque, como vamos ver, o racismo estrutural afeta a sociedade como um todo, e não só quem sofre diretamente com ele. Reconhecer essa realidade é o primeiro passo para promover mudanças profundas e duradouras.

UM BREVE PANORAMA HISTÓRICO DO RACISMO

Não tenho a intenção de afirmar que vou conseguir, em alguns poucos parágrafos, abordar toda a minuciosa e complexa história do racismo. Isso seria impossível. Porém, podemos, sim, nos aprofundar um pouco mais, o que nos ajudará a entender melhor o racismo estrutural. Um panorama histórico é sempre necessário quando se trata de um problema com raízes históricas, certo? E quero começar discutindo tanto a origem quanto o significado da palavra raça. Mais especificamente, o que raça quer dizer quando aplicada a seres humanos. Compreender como esse conceito foi moldado ao longo do tempo nos ajudará a entender as raízes profundas e as implicações do racismo na sociedade.

O conceito de raça é relacional e histórico. Embora existam várias opiniões sobre a origem do termo, sabe-se que, de início, era usado para classificar plantas e animais. Somente depois foi aplicado para diferenciar grupos humanos. Esse processo de mudança não foi simples nem rápido, pelo contrário, ele acompanhou as transformações de cada período histórico. À medida que as sociedades evoluíam, o conceito de raça também mudava, até se tornar uma justificativa para as desigualdades sociais e a manutenção das estruturas de poder.

A partir do século 16, a ideia de raça como um marcador de diferenças fundamentais entre seres humanos começou a se destacar, moldada pelas necessidades das sociedades em expansão econômica e territorial. Mas o que fez essa noção se tornar tão influente? Naquele período, marcado pelo mercantilismo e pelas grandes navegações, as potências europeias buscavam novas terras e riquezas, e o contato com povos até então desconhecidos criou um terreno fértil para refletir sobre a diversidade humana.

Já parou para pensar em como a cultura da época, sobretudo o Renascimento, influenciou essa reflexão? A cultura renascentista, impulsionada pelas descobertas geográficas, trouxe à tona novas questões sobre o que significava ser humano. Com o contato com diferentes povos, os europeus passaram a criar categorias para classificar essas diferenças, e o conceito de raça começou a ser usado para justificar a superioridade de uns sobre outros. Esse processo não foi imediato, foi gradual e estabeleceu as bases para classificações raciais que moldariam profundamente as estruturas políticas e econômicas emergentes.

ENTÃO, POR QUE ISSO IMPORTA?

Entender como e por que essas ideias foram desenvolvidas nos ajuda a perceber as raízes do racismo que ainda impactam a sociedade. As classificações raciais não surgiram do nada, foram construídas ao longo do tempo, influenciadas por interesses econômicos, políticos e sociais. Ao dissecar essa história, conseguimos questionar as próprias bases dessas ideias, abrindo caminho para um entendimento mais profundo e crítico sobre o que a raça significa atualmente.

O que podemos concluir é que o significado que atribuímos hoje ao conceito de raça está profundamente ligado às circunstâncias históricas em que ele foi criado. Como vimos, esse termo carrega marcas de conflito e relações de poder que moldaram a sociedade e que continuam a se refletir nas estruturas contemporâneas. Em outras palavras, ao usar esse termo, trazemos conosco os mesmos marcadores de poder do período em que ele começou a ser utilizado.

UMA VISÃO MAIS APROFUNDADA

Vamos analisar essa história um pouco mais fundo. Foram muitas as formas de racismo que ocorreram e ainda ocorrem na humanidade, assim como as justificativas utilizadas para endossar essa prática. A escravidão é a forma mais recorrente que nos vêm à mente, mas temos que pensar também no colonialismo, que teve as bases na prática da escravidão transatlântica, ou nos regimes de Apartheid ao redor do mundo. O da África do Sul é o mais famoso.

A escravidão transatlântica foi um dos capítulos mais sombrios da história mundial. Milhões de pessoas sendo arrancadas das terras natais, separadas dos familiares e forçadas a viver em condições desumanas; a brutalidade sendo justificada por ideologias que afirmavam que essas pessoas eram inferiores.

A divisão racial foi, por muito tempo, uma ferramenta muito poderosa para que se pudesse controlar e explorar os territórios colonizados por europeus. Esses colonizadores, quando criaram hierarquias que tinham como base a raça, contribuíram para que as desigualdades raciais se estabelecessem durante o colonialismo. E, como é para lá de óbvio, nada disso teve fim quando foi decretada a abolição da escravatura. Não se corrigem centenas de anos de exploração com um simples decreto. A realidade após a abolição foi que grande parte dos negros continuaram sendo excluídos da sociedade e vivendo em situações análogas à escravidão.

Outra brutalidade justificada por ideologias racistas foi o Apartheid, sistema de segregação racial oficialmente instaurado na África do Sul em 1948, embora suas raízes estejam ligadas a períodos anteriores de colonização e dominação racial. Esse regime foi marcado por leis e práticas que separavam com rigidez os grupos raciais, favorecendo a minoria branca e discriminando a maioria negra e outras etnias não brancas.

Você pode imaginar como o Apartheid afetou todos os aspectos da vida na África do Sul? As leis do Apartheid proibiam casamentos entre pessoas de diferentes raças, determinavam áreas residenciais segregadas para cada grupo racial e impunham restrições severas ao deslocamento das pessoas negras.

A população negra foi forçada a viver em bantustões ou *homelands* – áreas designadas que eram, em maioria, inadequadas econômica e socialmente.

Além disso, o sistema educacional era severamente desigual: as escolas para brancos recebiam muito mais recursos e ofereciam oportunidades significativamente melhores em comparação com as escolas para negros. O Apartheid não apenas separou fisicamente as pessoas, mas também criou uma profunda divisão psicológica e social que marcou várias gerações.

A relevância do Apartheid na história global está na demonstração extrema de racismo institucionalizado e na luta que suscitou, tanto na África do Sul quanto ao redor do mundo. O regime enfrentou resistência interna constante, liderada por figuras como Nelson Mandela e organizações como o Congresso Nacional Africano (CNA), além de ter enfrentado uma ampla condenação e diversas sanções internacionais.

Nelson Mandela, um dos líderes mais proeminentes na luta contra o Apartheid, foi preso em 1962 e, em 1964, condenado à prisão perpétua sob acusações de sabotagem contra o governo que havia imposto o Apartheid. Sua prisão se tornou um símbolo global da resistência contra o regime opressor. Mandela passou 27 anos encarcerado, a maior parte desse tempo na ilha Robben, próxima à Cidade do Cabo.

A crescente pressão interna e internacional eventualmente forçou o governo sul-africano a começar negociações para acabar com o Apartheid. Em um momento histórico, Nelson Mandela foi libertado da prisão em 11 de fevereiro de 1990. Esse acontecimento não apenas marcou o começo do fim do regime segregacionista como também representou uma enorme vitória para milhões de sul-africanos e ativistas que lutavam por justiça e igualdade racial ao redor do mundo.

Após sua libertação, Mandela teve um papel crucial nas negociações que levaram ao desmantelamento do Apartheid e à realização das primeiras eleições democráticas e multirraciais na África do Sul, em 1994. Ele foi eleito o primeiro presidente negro do país, simbolizando o início de uma nova era de reconciliação e construção de uma nação unida, conhecida como a "Nação Arco-Íris". A luta de Mandela contra o Apartheid, assim como sua liderança, continua a ser um poderoso símbolo da resistência contra a opressão e da capacidade da humanidade de superar divisões profundas em busca de um futuro baseado na igualdade e na justiça.

Aproveitando o ensejo, gostaria de compartilhar uma experiência interessante que tive com a doutora Makaziwe Mandela, uma das principais palestrantes de um evento sobre tecnologia do qual participei. Durante o evento, tivemos a oportunidade de conversar na sala VIP, que funcionava quase como um camarote para os painelistas.

Foi uma conversa reveladora. Em um momento, enquanto estávamos ali conversando, ela me observou e comentou: "É curioso, o Brasil tem uma grande porcentagem de pessoas negras, mas só nós duas estamos aqui no meio de tantas pessoas não negras". Ela chegou à conclusão de que, de certa forma, o Brasil vive uma forma de apartheid, embora não seja oficialmente reconhecido como na África do Sul. Ela ficou bastante impressionada com o que viu.

Makaziwe já havia visitado o Brasil, mas brevemente. Naquele dia, ela conseguiu perceber com mais profundidade as realidades do país e o quanto o racismo ainda persiste. Para mim, foi uma experiência muito significativa. Estabelecemos uma conexão e trocamos contatos. Posteriormente, organizei um evento global na empresa em que trabalhava e a convidei para participar. Fui a mediadora de sua palestra sobre o papel das empresas na mudança do racismo estrutural, e a experiência foi mesmo incrível.

Mas agora, vamos mudar o cenário para os Estados Unidos, onde o racismo institucionalizado tem uma história longa e complexa, entrelaçada com a fundação e o desenvolvimento do país. Desde o período da escravidão até as leis de segregação racial, conhecidas como "Jim Crow", passando pelo movimento pelos direitos civis e chegando aos desafios contemporâneos relacionados à justiça racial, os EUA têm enfrentado profundas questões de desigualdade e discriminação racial.

A escravidão, por exemplo, desempenhou um papel central na economia e na sociedade norte-americanas, sobretudo nos estados do sul, desde o período colonial até meados do século 19. A dependência econômica do trabalho escravo, particularmente nas plantações de algodão, criou divisões profundas, que acabaram culminando na Guerra Civil Americana (1861-1865). Após a vitória do Norte abolicionista, a escravidão foi formalmente abolida com a 13ª Emenda à Constituição dos EUA em 1865.

No entanto, a abolição da escravidão não trouxe uma solução imediata para a desigualdade racial. Após o período da

Reconstrução, surgiram as leis de Jim Crow, que foram criadas para impor a segregação racial no Sul dos EUA. Essas leis restringiram os direitos civis e políticos dos afro-americanos por meio de regulamentações estaduais e locais. O princípio "separados, mas iguais", estabelecido pela decisão da Suprema Corte no caso Plessy v. Ferguson (1896), tornou-se a base legal para a segregação, resultando em condições claramente inferiores para os negros em escolas, transporte público e em outros aspectos da vida pública.

O movimento pelos direitos civis das décadas de 1950 e 1960 foi um momento crucial na luta contra o racismo institucionalizado nos Estados Unidos. Liderado por figuras proeminentes como Martin Luther King Jr., Rosa Parks, Malcolm X e muitos outros, o movimento teve como objetivo principal desmantelar as leis de segregação racial conhecidas como Jim Crow e garantir direitos civis iguais para os afro-americanos.

Vários acontecimentos importantes ajudaram a mobilizar o apoio nacional e pressionar o governo por mudanças legislativas. Por exemplo, o boicote aos ônibus de Montgomery, iniciado por Rosa Parks, e as marchas da cidade de Selma a Montgomery, organizadas por Martin Luther King Jr., foram marcos decisivos. Além disso, o famoso discurso "I have a dream", de King, inspirou muitos a se unirem à causa. Esses acontecimentos culminaram na aprovação de duas leis fundamentais: a Lei dos Direitos Civis, de 1964, que proibia a discriminação racial em diversos setores, e a Lei do Direito ao Voto, de 1965, que assegurou o direito de voto para todos, independentemente da raça.

Apesar dos avanços significativos, os afro-americanos e outras minorias raciais nos EUA ainda enfrentam desigualdades sistêmicas em várias áreas. Isso inclui problemas em educação, emprego, habitação, saúde e justiça criminal. A brutalidade policial continua sendo um grave problema, e o movimento Black Lives Matter (BLM), que ganhou força após a morte de Trayvon Martin, em 2012, e se tornou amplamente conhecido após as mortes de Michael Brown, Eric Garner e George Floyd, destaca a persistente luta contra o racismo sistêmico e a violência policial.

Portanto, mesmo com as vitórias do movimento pelos direitos civis, a batalha pela justiça e igualdade racial continua sendo um desafio importante nos dias de hoje.

O CASO DO BRASIL

No Brasil, o racismo tem raízes muito profundas que se estendem desde o período colonial. Durante esse tempo, o país foi marcado pela escravização tanto de povos indígenas quanto pela importação de escravizados africanos. O Brasil se tornou o maior destino de africanos escravizados no Atlântico, com estimativas indicando que mais de 4 milhões de africanos foram trazidos para o país entre os séculos 16 e 19. A escravidão no Brasil foi sustentada por uma estrutura econômica e social que considerava os africanos e seus descendentes como inferiores, destinados exclusivamente ao trabalho forçado.

É importante destacar que a narrativa oficial muitas vezes celebra a chegada dos europeus como uma "descoberta" e um marco para a história do Brasil. No entanto, a verdade é que o território que hoje conhecemos como Brasil já era habitado por uma rica diversidade de povos indígenas. A chegada dos colonizadores europeus não trouxe um "Novo Mundo", e sim deu início a um período devastador de genocídio das populações nativas, introdução de doenças desconhecidas na região e exploração intensa dos recursos naturais e humanos.

O processo de colonização não apenas causou imensas violências físicas e culturais contra as comunidades indígenas, mas também estabeleceu as bases para um regime escravista que durou mais de três séculos. Durante esse longo período, milhões de africanos foram trazidos à força para o Brasil, submetidos a condições de escravidão brutal e privações severas. A escravidão, que foi um pilar fundamental da economia colonial, ajudou a formar uma sociedade profundamente desigual e marcada por discriminação racial, cujos efeitos ainda são sentidos hoje.

A abolição da escravatura, em 1888, por meio da Lei Áurea, não foi acompanhada de políticas para integrarem ou repararem a situação dos recém-libertos, que ficaram marginalizados na sociedade brasileira. Após a abolição, continuaram a existir estruturas racistas que excluíam negros e pardos do acesso a direitos, educação e oportunidades de ascensão social. Além disso, o século 20 trouxe à tona teorias racistas que tentavam justificar a desigualdade racial como resultado de diferenças biológicas, influenciando de modo negativo as políticas públicas e práticas sociais.

A Constituição brasileira de 1824, que foi promulgada após a independência do Brasil, em 1822, estabeleceu as bases legais e institucionais do Império do Brasil. Essa Constituição foi inovadora ao igualar o conceito de "nacionais" a "cidadãos", o que expandiu o reconhecimento de cidadania brasileira aos libertos nascidos no território nacional. No entanto, ela deixou uma lacuna importante em relação ao status dos africanos libertos que não haviam nascido no Brasil, criando uma situação complexa para esses indivíduos.

A Constituição de 1824 não definia claramente o status dos libertos africanos, colocando-os em uma posição ambígua. Pela lógica jurídica da época, poderia se esperar que fossem classificados como estrangeiros, uma vez que não eram nascidos no Brasil. No entanto, a legislação imperial não abordava de maneira clara a situação deles, resultando em um limbo legal e social.

A antropóloga brasileira Manuela Carneiro da Cunha (2012) analisou essa questão e descreveu os libertos africanos como apátridas dentro do próprio território em que viviam. Isso significa que eles não tinham uma nação de origem que os reconhecesse como cidadãos e não eram plenamente reconhecidos pelo país em que residiam. Como apátridas, enfrentavam várias restrições e vulnerabilidades, incluindo dificuldades no acesso a direitos civis, propriedade de terras e participação política.

A situação dos libertos africanos ilustra as contradições e os desafios na construção da cidadania em um país com um histórico de escravidão e racismo institucional. Embora a Lei Áurea tenha abolido formalmente a escravatura em 1888, as profundas desigualdades raciais continuaram a influenciar as políticas e a sociedade brasileira. O limbo legal e social enfrentado pelos libertos africanos, causado pela Constituição de 1824 e por legislações subsequentes, revela as complexidades da inclusão social e da cidadania em contextos pós-coloniais, nos quais a herança da escravidão e do colonialismo ainda afeta as relações sociais e as estruturas de poder.

Além disso, durante o século 20, o Brasil viu a disseminação de teorias racistas que promoviam a ideia da inferioridade negra e defendiam o "embranquecimento" da população como uma solução para os "problemas raciais" do país. Essas ideologias, baseadas em premissas científicas falsas e preconceituosas, influenciaram políticas públicas e reforçaram estereótipos raciais, perpetuando o racismo estrutural na sociedade brasileira.

O racismo no Brasil contemporâneo ainda carrega as marcas das estruturas históricas que moldaram nossa sociedade. Embora tenhamos visto avanços legislativos e iniciativas afirmativas, como as cotas raciais em universidades e concursos públicos, a desigualdade racial continua a se manifestar de maneira significativa em várias áreas, como educação, habitação, saúde e representação política. Esses avanços, embora importantes, ainda não conseguiram erradicar as disparidades profundas que afetam a população negra e parda.

Por exemplo, dados alarmantes do Anuário Brasileiro de Segurança Pública revelam que 78,4% das vítimas de homicídio no Brasil são negras (FBSP, 2023). Isso destaca uma exposição desproporcional da população negra à violência. Os Atlas de Violência, referentes aos anos de 2018 e 2020, também ilustram claramente as diferenças na forma como a violência afeta brancos e negros. Esses estudos mostram que, enquanto muitos brasileiros avançam, a população negra ainda enfrenta desafios desproporcionais e severos.

Nesse contexto, a história do racismo no Brasil é também uma história de resistência e luta constante por igualdade e justiça social. Movimentos negros e ativistas têm desempenhado papéis cruciais na denúncia das estruturas racistas e na busca por uma sociedade mais justa e equitativa. Entender o racismo em suas dimensões histórica e contemporânea é fundamental para construir um futuro em que a dignidade e os direitos de todos sejam reconhecidos e respeitados plenamente. É essencial que continuemos a analisar e enfrentar essas questões para garantir um futuro mais igualitário e justo a todos.

COMO O RACISMO SE MANIFESTA NO COTIDIANO

Bom, a primeira parte dessa conversa foi bastante técnica, quase aquilo que encontraríamos em um livro de História. Mas veja bem, era extremamente necessário traçarmos esse panorama para compreendermos como o racismo se manifesta de forma cotidiana. A desigualdade presente em nossa sociedade é a manifestação do racismo estrutural para quem quiser ver. E ela ocorre em todos os níveis da vida diária, como na educação, nas ofertas de emprego, no sistema de saúde e ao decidir quem será e quem não será representado na mídia. E não há nada de aleatório na existência disso; como já vimos, foram causados por centenas de anos de crenças e práticas racistas institucionalizadas, que foram legitimadas e repetidas ao longo de gerações.

Além disso, também é crucial ter consciência do viés implícito, pois revela que todos nós, mesmo com as melhores intenções, contribuímos para a manutenção do racismo estrutural por meio de ações inconscientes. Todos temos preconceitos internos que tendem a impactar nossas decisões e ações de maneiras inadvertidas. No entanto, uma vez que somos informados sobre esses vieses e conscientemente os reconhecemos, podemos aplicar esforços deliberados para superar os preconceitos, permitindo maior inclusão e compreensão nas ações cotidianas e decisões. Este reconhecimento é muito importante para criar um ambiente mais equitativo e imparcial para todos.

O racismo estrutural existe de muitas maneiras e, por vezes, é tão sutil que pode nem ser notado, o que torna seu combate uma tarefa bem mais árdua. Um exemplo é quando políticas e práticas institucionais, que parecem neutras à primeira vista, acabam prejudicando pessoas de grupos racializados.

Nos Estados Unidos, isso é evidente no conceito de *redlining*, uma prática discriminatória que, no passado, limitava o acesso de comunidades negras a boas moradias e à oportunidade de construir riqueza. A prática foi proibida anos atrás, mas ainda impacta as comunidades porque a sua influência perdura.

O impacto do *redlining* se estende de geração em geração e destaca a persistência do racismo estrutural, que deixa as marcas nas gerações futuras. Outro exemplo são as diferenças significativas no mercado de trabalho. As pessoas negras enfrentam mais dificuldade de encontrar trabalho em comparação com as contrapartes brancas e têm uma presença menor em posições de liderança. Isso reflete um sistema que ao longo da história marginalizou certos grupos. A falta de acesso igualitário a oportunidades de educação e crescimento profissional desde a escravidão até os dias de hoje criou barreiras que continuam existindo.

Ainda que tenham ocorrido muitos avanços, essas barreiras históricas ainda existem e ainda têm influência no mercado de trabalho, o que perpetua os ciclos de desigualdade. Dá para perceber o quanto essa mudança é urgente, certo?

Penso, por exemplo, em uma pesquisa que li uma vez nos Estados Unidos que revelou que pessoas que enviavam currículos com nomes que soavam afro-americanos tinham muito menos chances de serem convidadas para uma entrevista se comparado a alguém cujo nome parecia branco.

Obviamente, no Brasil, não temos nomes negros e nomes brancos, mas essa mesma lógica pode ocorrer de várias outras formas, por exemplo, por meio do envio de currículos com foto. Por isso, um exercício que você pode fazer agora mesmo é verificar até que ponto essa realidade é comum onde você trabalha. Qual é o critério que justifica a convocação de uma pessoa para a entrevista? Você tem consciência de algum preconceito implícito que possa moldar as oportunidades e decisões dentro da empresa em que trabalha?

Se você concluiu que não tem a resposta para qualquer uma destas perguntas, a recomendação seria começar a procurar. Afinal, estamos construindo organizações antirracistas e o primeiro passo, com certeza, é identificar o problema. Nesse ponto, gostaria de ressaltar que, em algumas das palestras que ministrei, percebi que gestores costumam ficar na defensiva quando faço perguntas direcionadas às empresas deles. Não é a hora de tentar justificar porque as coisas funcionam de certa forma na sua empresa: é hora de colocar a mão na consciência e entender o que precisa ser mudado.

Durante minha carreira corporativa, vivi experiências que me marcaram de verdade. Lembro-me das longas viagens de ônibus pela cidade de São Paulo, uma jornada que podia levar duas horas ou mais, até chegar à vibrante avenida Faria Lima ou à região da Berrini, centros empresariais da cidade. Cada trajeto era um mergulho em uma realidade completamente diferente daquela do meu bairro de origem.

Enquanto eu atravessava a cidade, as conversas no café das empresas giravam em torno de viagens internacionais e jantares em restaurantes luxuosos – coisas que para mim eram apenas sonhos distantes. O dinheiro que eu tinha para o almoço não era suficiente para cobrir a conta dos restaurantes ao redor do escritório.

Isso me fez perceber que, para além de só recrutar pessoas com perfis diversos, é essencial criar condições de trabalho que permitam que esses talentos de fato permaneçam e prosperem. A flexibilidade nas regras e a adaptação do ambiente de trabalho são cruciais para isso.

O mais desafiador não era o trabalho em si, mas entender e me ajustar aos códigos e normas não escritos do mundo corporativo. E esses códigos, muitas vezes, são definidos por um perfil específico de pessoas – geralmente com características e fenótipo predominantes. São essas pessoas que estabelecem as regras e moldam o ambiente de trabalho, criando uma barreira invisível, mas real, para aqueles que não se encaixam no padrão.

A frase que abre o perfil do meu LinkedIn é uma citação poderosa de Audre Lorde: "Não são as nossas diferenças que nos dividem, mas a nossa incapacidade de reconhecer, aceitar e celebrar essas diferenças".

Senti os ecos dessa citação durante minha trajetória. Percebi na pele que um ambiente de trabalho que queira ser de fato inclusivo deve não só reconhecer a diversidade, mas legitimá-la, celebrá-la. E é impossível falar de relações de trabalho sem abordar as relações de poder que moldam essas dinâmicas.

Mais do que aceitar as diferenças, é preciso criar condições para que elas possam florescer e contribuir para um ambiente mais equitativo e inovador. Reconhecer e enfrentar essas questões é um passo crucial para transformar as relações de trabalho e garantir que todos tenham a oportunidade de brilhar e prosperar. Não dá para falar de relações de trabalho sem falar de relações de poder.

A luta contra o racismo estrutural é também uma luta pelo reconhecimento e pela valorização de todas as experiências e identidades no local de trabalho. Isso significa ir além das políticas superficiais e desafiar as normas existentes – desde os pequenos gestos de socialização até as estruturas de poder que definem quem tem voz e quem é ouvido. Já considerou como essas normas e estruturas podem estar influenciando a forma como sua equipe se sente e se desenvolve? Essas mudanças são essenciais para garantir que todos possam não apenas se sentir incluídos, mas prosperar de fato.

POR QUE SUA EMPRESA PRECISA COMPREENDER O RACISMO ESTRUTURAL?

Por que você e sua empresa precisam entender a história do racismo? Vamos responder com um exercício de visualização, pode ser? Imagine que está em uma reunião de planejamento estratégico. Você até consegue notar que as políticas de diversidade e inclusão da organização em que trabalha parecem superficiais demais, mas, por mais que tente, não consegue indicar o motivo. Pode ser que a falta de compreensão sobre as raízes do racismo esteja influenciando essas decisões. É como estudar para uma prova de matemática: você pode olhar para a equação completa, mas se não souber somar e subtrair, não vai conseguir resolver o problema.

Percebe que, mais uma vez, a resposta está nos estudos? Ao mergulhar nas origens profundas da desigualdade racial por meio desta leitura, você poderá analisar melhor as estratégias criadas por sua equipe e entender por que elas talvez solucionem apenas problemas superficiais, sem promover mudanças que sejam de fato significativas e duradouras.

Conhecer o passado ajuda a aumentar a conscientização e a empatia entre os colaboradores, criando um espaço em que todos se sintam valorizados e respeitados. Isso não só melhora a convivência diária como também fortalece a cultura da empresa.

Quando falamos de recrutamento e retenção, como você garante que todos os candidatos e colaboradores tenham as mesmas oportunidades? Compreender como o racismo estrutural afeta o acesso a oportunidades permite que você reformule as práticas para promover igualdade real. Isso pode significar reavaliar processos de seleção, garantir que as oportunidades de crescimento estejam disponíveis para todos e criar um ambiente em que todos possam prosperar.

Além disso, como sua empresa se posiciona em relação à responsabilidade social? Empresas que reconhecem a importância da história do racismo e agem de acordo podem se destacar como líderes na justiça social. Esse compromisso não só contribui de maneira positiva para a sociedade, mas também demonstra um exemplo poderoso para outras organizações seguirem.

E quanto à tomada de decisão? Já considerou como a compreensão do racismo histórico e suas manifestações atuais podem influenciar suas escolhas empresariais? Líderes e gestores que são bem-informados estão mais capacitados para tomar decisões sensíveis e evitar práticas discriminatórias, promovendo um ambiente mais justo e equitativo.

Ao pensar em desenvolvimento de produtos e serviços, como você pode garantir que suas ofertas atendam às necessidades de uma diversidade de consumidores? Empresas antirracistas que compreendem a diversidade racial podem usar esse conhecimento para inovar e criar produtos e serviços que atendam a um espectro mais amplo de clientes.

Prevenir conflitos internos também é crucial. Já refletiu sobre como o conhecimento acerca do racismo pode ajudar na identificação e prevenção de comportamentos discriminatórios no local de trabalho? Tudo isso ajudará a posicionar sua empresa no mercado. Demonstrar um compromisso autêntico com a luta antirracista pode fortalecer a imagem e a reputação da sua marca, atraindo consumidores conscientes e talentos diversificados.

Entender a história do racismo não é apenas uma questão de responsabilidade social, mas um componente essencial para a construção de uma organização mais justa, inovadora e bem-sucedida. É um passo fundamental para garantir que todos na sua empresa possam prosperar e contribuir plenamente.

OS DESAFIOS PELA FRENTE

Entender os desafios práticos da luta antirracista dentro das empresas exige destrinchar como o racismo se manifesta nas estruturas institucionais. A abordagem do racismo estrutural oferece uma perspectiva avançada no estudo das relações raciais, revelando que o racismo não se limita a comportamentos individuais, mas é com frequência o resultado do funcionamento de instituições, que, muitas vezes de forma indireta, concedem vantagens e desvantagens com base na raça, perpetuando desigualdades.

Para compreender de todo como o racismo se manifesta institucionalmente, primeiro precisamos entender o conceito de instituições. Todas as sociedades possuem estruturas econômicas e políticas comuns, como mercadorias, dinheiro, Estado e direito. Contudo, a forma que essas estruturas se manifestam pode variar bastante entre diferentes sociedades. Por exemplo, enquanto o conceito de Estado está presente em todas as sociedades contemporâneas, os detalhes e as funções do Estado podem diferir. O Estado brasileiro, por exemplo, difere em muitos aspectos do Estado francês, mesmo que ambos sejam formalmente Estados. Essa variação ilustra como as formas sociais, incluindo o Estado, se concretizam de maneira única em cada sociedade por meio das suas instituições.

Instituições são estruturas que orientam, rotinizam e coordenam comportamentos, facilitando a ação social e proporcionando estabilidade aos sistemas sociais. Essa estabilidade é possível porque as instituições têm a capacidade de absorver e normalizar os conflitos e antagonismos naturais da vida social. Em outras palavras, as instituições estabelecem normas e padrões que orientam as ações dos indivíduos e oferecem um conjunto de significados preestabelecidos. Dentro desse contexto, as regras institucionais moldam o comportamento humano, tanto em termos de decisões racionais quanto de sentimentos e preferências.

Portanto, entender o racismo institucional requer reconhecer que as instituições sociais, ao definir e manter normas e padrões, desempenham um papel crucial na perpetuação das desigualdades raciais. Assim, o racismo se infiltra nas práticas e políticas institucionais, tornando-se uma parte integrada do funcionamento social e moldando a vida dos indivíduos de maneira sistêmica e persistente.

O racismo estrutural pode influenciar desde antes da entrada da pessoa em uma vaga até sua carreira, como também os processos de recrutamento e seleção, resultando em práticas discriminatórias que favorecem candidatos de determinados grupos raciais em detrimento de outros. Isso pode incluir desde a formulação de descrições de vagas que inconscientemente desencorajam candidaturas de pessoas racializadas até vieses nos processos de entrevista e seleção.

O processo de recrutamento e seleção desempenha um papel fundamental na formação e na dinâmica de uma organização, pois representa o primeiro contato entre os candidatos e a empresa, sendo responsável por atrair talentos qualificados e compatíveis com a cultura e as necessidades da organização. No entanto, apesar de sua importância, esse processo também pode ser fonte de discriminação e reprodução de desigualdades, sobretudo quando não são conduzidos de maneira justa e imparcial.

O uso de critérios de seleção subjetivos ou não relacionados às habilidades e experiências necessárias para o cargo pode levar à exclusão injusta de candidatos. Isso pode incluir a preferência por candidatos que frequentaram determinadas universidades ou que têm um determinado tipo de experiência de trabalho, sem considerar se esses critérios são de fato relevantes para o desempenho no cargo em questão.

Outro desafio é garantir que o processo de recrutamento e seleção seja acessível e inclusivo para todos os candidatos, independentemente de origem étnica, socioeconômica, gênero, idade ou qualquer outra característica protegida. Isso envolve a criação de anúncios de emprego transparentes e inclusivos, a utilização de formas de comunicação transparentes e a eliminação de requisitos desnecessários que possam excluir candidatos que têm as habilidades e experiências necessárias, mas que podem vir de backgrounds diferentes.

Para enfrentar esses desafios e promover um processo de recrutamento e seleção mais justo e inclusivo, as empresas podem adotar uma série de práticas recomendadas. Isso inclui implementar treinamentos para recrutadores focados em vieses inconscientes e práticas de seleção imparciais, estabelecer critérios de seleção claros e objetivos, diversificar as fontes de recrutamento e criar políticas e procedimentos que assegurem igualdade de oportunidades para todos os candidatos. Ao adotar essas práticas, as empresas não só atraem talentos mais diversos, mas também criam um ambiente de trabalho que reflete a diversidade da sociedade e promove inclusão efetiva.

O desafio não termina com a contratação. Profissionais de grupos racializados com frequência encontram um ambiente de trabalho no qual as oportunidades de avanço na carreira são desproporcionalmente limitadas em comparação aos colegas de grupos étnico-raciais dominantes. Essas disparidades se manifestam em diversas áreas da progressão profissional, como promoções, aumentos salariais, acesso a cargos de liderança e oportunidades de desenvolvimento. Assim, é essencial que as empresas não apenas recrutem de maneira inclusiva, mas também garantam que todos os colaboradores tenham chances equitativas de crescimento e sucesso ao longo da carreira.

A dificuldade de acesso a oportunidades de promoção é uma das barreiras mais evidentes para a progressão na carreira de profissionais de grupos racializados. É comum que esses profissionais enfrentem uma sub-representação em cargos de liderança e gerenciamento, o que revela uma hierarquia organizacional que tende a favorecer indivíduos de grupos étnico-raciais dominantes. Essa situação pode ser atribuída a preconceitos inconscientes dos tomadores de decisão, além de práticas de recrutamento e seleção favoráveis a candidatos que se encaixam em estereótipos tradicionais de liderança.

Além disso, profissionais de grupos racializados também podem enfrentar barreiras salariais, recebendo salários mais baixos em comparação aos colegas de grupos étnico-raciais dominantes, mesmo quando desempenham funções semelhantes ou comparáveis. Isso pode ser resultado de discriminação salarial direta, bem como de práticas de remuneração que recompensam de forma desigual o desempenho e a contribuição para a organização.

Outra barreira importante é a ausência de mentoria e patrocínio por parte de colegas e líderes dentro da organização. Profissionais de grupos racializados com frequência têm acesso limitado a mentores e patrocinadores que possam oferecer orientação e apoio no avanço de suas carreiras. Essa falta de suporte pode restringir o desenvolvimento profissional e reduzir as oportunidades de crescimento na empresa. Muitas vezes, essa lacuna ocorre devido a redes profissionais dominadas por indivíduos de grupos étnico-raciais predominantes, bem como por preconceitos inconscientes que levam os líderes a subestimarem o potencial e as habilidades desses profissionais.

Para enfrentar as barreiras à progressão na carreira para profissionais de grupos racializados, as organizações precisam adotar uma abordagem multifacetada que inclua políticas e práticas de diversidade e inclusão, treinamento e conscientização sobre preconceitos inconscientes, programas de mentoria e patrocínio direcionados e revisão sistemática de práticas de remuneração e promoção para garantir equidade e transparência. Ao fazer isso, as organizações podem criar um ambiente de trabalho mais justo, inclusivo e representativo, no qual todos os profissionais tenham a oportunidade de alcançar o pleno potencial, independentemente da origem étnico-racial.

Já discutimos antes a importância da lei de cotas como uma estratégia fundamental para promover a igualdade de oportunidades e enfrentar as desigualdades históricas e estruturais enfrentadas por grupos minoritários, como pessoas negras, indígenas, com deficiência e de baixa renda. Agora, vamos explorar os desafios associados à sua implementação e os obstáculos que muitas vezes surgem.

A implementação da lei de cotas é essencial para combater essas desigualdades, mas enfrenta vários desafios. Um dos principais obstáculos é a resistência de setores da sociedade que veem as cotas como uma forma de discriminação reversa, acreditando que elas favorecem injustamente determinados grupos em detrimento de outros. Essa resistência se manifesta em debates acalorados, ações judiciais e até em atitudes discriminatórias por parte de indivíduos e organizações que se opõem à aplicação da política de cotas.

Além disso, a eficácia das cotas pode ser comprometida por deficiências na implementação e fiscalização. Isso inclui a falta de critérios claros e objetivos para a seleção de beneficiários das cotas, bem como a ausência de mecanismos robustos de monitoramento e avaliação para garantir o cumprimento das cotas de maneira justa e transparente. Em alguns casos, também pode haver manipulação ou fraude nesse sistema, com indivíduos fingindo pertencer a grupos minoritários para obter vantagens indevidas.

Outra dificuldade enfrentada pela lei de cotas é a falta de investimento em educação e preparação adequada para os beneficiários. Muitos estudantes que ingressam nas universidades por meio desse sistema enfrentam dificuldades adicionais devido à deficiência na qualidade da educação básica, falta de apoio acadêmico e socioeconômico e estigmatização no ambiente acadêmico. Isso pode levar a taxas de evasão mais altas entre os beneficiários das cotas e à percepção errônea de que eles não conseguem competir em pé de igualdade com os demais estudantes.

A falta de comprometimento político e social com a promoção da igualdade racial e social pode minar significativamente os esforços para a implementação efetiva das cotas. Sem um ambiente favorável para o debate aberto e o apoio público às políticas de ação afirmativa, obstáculos e resistências à efetivação do sistema tornam-se ainda mais difíceis de superar. No entanto, é crucial reconhecer os benefícios e os impactos positivos que as cotas podem ter na promoção da inclusão e da diversidade tanto em instituições educacionais quanto no mercado de trabalho.

Superar esses desafios exige um esforço colaborativo e contínuo de governos, instituições, organizações da sociedade civil e da própria comunidade. É por meio desse trabalho conjunto que podemos enfrentar as desigualdades estruturais e criar um ambiente verdadeiramente igualitário e inclusivo. No próximo tópico, destrincharemos algumas estratégias e caminhos possíveis para fortalecer a implementação das cotas e avançar na construção de uma sociedade mais justa.

CAMINHOS PARA A MUDANÇA

Silvio Meira, uma figura proeminente no campo da tecnologia e inovação no Brasil, tem contribuído significativamente para a discussão sobre o racismo estrutural, enfatizando a necessidade de abordagens inovadoras para enfrentar essas questões.

Meira defende o uso da tecnologia como uma ferramenta para promover a inclusão e combater as desigualdades, destacando como iniciativas tecnológicas podem ser desenhadas e implementadas para criar oportunidades iguais para todos. Sua visão ressalta a importância de reconhecer e utilizar o potencial da inovação para desafiar as estruturas existentes e construir um futuro mais equitativo.

Enfrentar o racismo estrutural nas empresas exige uma transformação abrangente e consciente, não se limita a ações pontuais. Como destaca Sueli Carneiro, é fundamental desmantelar as estruturas de poder que perpetuam as desigualdades raciais e adotar práticas que garantam uma verdadeira inclusão.

Implementar treinamentos sobre vieses inconscientes, reavaliar processos de recrutamento e seleção para assegurar igualdade de oportunidades e promover redes de mentoria e patrocínio são passos cruciais para criar um ambiente de trabalho mais justo.

Além disso, um compromisso autêntico com a responsabilidade social corporativa é essencial para estabelecer práticas transparentes e engajadas na luta pela equidade racial. Neste *Manual da empresa antirracista*, vamos aprofundar a compreensão sobre como superar o racismo estrutural nas empresas e implementar práticas que de fato façam a diferença. Vamos analisar em detalhes estratégias eficazes, desde a criação de treinamentos sobre vieses inconscientes até a revisão dos processos de recrutamento e a promoção de redes de mentoria que garantam oportunidades iguais para todos.

Estamos só começando. Agora, está na hora de entender esse capítulo na prática, com o nosso *Vozes da realidade*.

VOZES DA REALIDADE: **RELATOS QUE MARCAM**

Nos anos 1980, quando tinha apenas 18 anos, comecei a trabalhar em uma multinacional alemã do setor metalúrgico, uma empresa com cerca de mil funcionários. Era um ambiente imponente e desafiador para uma pessoa tão jovem. Porém, mesmo assim, me destacava pelo comprometimento e pela qualidade do meu trabalho. E foi nesse contexto que tive a sorte de encontrar uma mentora.

Minha mentora era uma mulher loira, de olhos azuis, que acreditava genuinamente em mim. Ela enxergava potencial no meu trabalho e sempre me incentivava a ir além. Isso foi muito importante para mim, pois eu era muito jovem e, naquela época, era raro ver uma pessoa negra recebendo tanto apoio em um ambiente corporativo como aquele. Ela não apenas confiava nas minhas entregas como me estimulava a crescer, a aprender e a me desenvolver profissionalmente.

Dois anos depois, essa mentora aceitou uma proposta para trabalhar em outra empresa. Foi um golpe duro para mim, pois, além de perder uma grande aliada no ambiente de trabalho, senti que estava perdendo alguém que de fato acreditava no meu potencial e me apoiava de forma incondicional. Nos meses seguintes, senti a falta dela, tanto em termos de apoio profissional quanto de incentivo pessoal.

Passados cerca de seis meses, fui surpreendida por uma ligação dela. Ela havia se adaptado bem à nova empresa e, para minha surpresa e alegria, havia uma oportunidade aberta que parecia ter sido feita para mim. Ela me disse que o trabalho era a minha cara e, além disso, o salário seria consideravelmente melhor do que o que eu ganhava na multinacional na qual trabalháramos juntas.

Dá para imaginar a minha animação. Eu era uma jovem negra, vinda de uma família pobre, e aquela proposta representava não apenas uma chance de melhorar financeiramente, mas também de continuar crescendo profissionalmente sob a orientação de alguém que confiava em mim.

Pensei em como aquela oportunidade poderia fazer uma diferença enorme na minha vida, ajudando a sustentar minha família e me proporcionando uma carreira sólida. E o melhor de tudo, já teria o apoio e o apadrinhamento de alguém que conhecia meu trabalho e meu compromisso.

Fiquei ansiosa, aguardando o momento de marcar a entrevista e iniciar o processo seletivo. Aquela oportunidade parecia ser a realização de muitos sonhos.

No entanto, alguns dias depois, recebi outra ligação da minha mentora. Dessa vez, a voz dela estava carregada de tristeza e constrangimento. Ela me explicou que, infelizmente, a empresa em que ela trabalhava agora tinha uma política de não contratar pessoas negras e me contou que, cinco anos antes, a empresa havia enfrentado um problema sério com um funcionário negro, e desde então, adotaram uma política absurda de não contratar mais ninguém com o mesmo fenótipo.

A notícia foi um choque. Apesar de já ter vivenciado muitas formas de racismo implícito até então, aquela foi a primeira vez que o enfrentei de maneira tão explícita. Naquele momento, todo o meu entusiasmo e minha esperança desmoronaram. O racismo, que até então se apresentava de forma velada, me atingiu de maneira direta e devastadora. Percebi que, mesmo com todo o meu esforço e minha competência, ainda havia barreiras intransponíveis impostas só pela cor da minha pele.

O episódio marcou profundamente a minha trajetória. Foi um despertar para a realidade do racismo institucionalizado que permeia muitos ambientes, mesmo aqueles que, à primeira vista, parecem modernos e meritocráticos. A partir daquele momento, comecei a prestar muito mais atenção às dinâmicas ao redor, ao comportamento das pessoas e às sutilezas das interações no ambiente de trabalho. Passei a ler mais sobre o tema e a me preparar para enfrentar situações como aquela de maneira mais consciente e informada.

Essa experiência, embora dolorosa, me fortaleceu e me fez enxergar o mundo corporativo de outra forma. Infelizmente, ao longo dos anos, ainda enfrentei muitos outros episódios de racismo, mas esse foi o primeiro que me fez compreender a profundidade e a persistência da questão em nossa sociedade.

CAPÍTULO 2

MINHAS EXPERIÊNCIAS REAIS VIVIDAS NO CORPORATIVO

"Lembranças são imortais. São imperecíveis e precisas. Têm o poder de dar alegria e perspectiva em tempos difíceis. Ou podem sufocar. Definir você de uma maneira que tem mais a ver com a percepção limitada das pessoas do que com a verdade."
— Viola Davis, *Em busca de mim*

Quero iniciar este capítulo ressaltando o quanto acredito no poder de contar histórias. Desde pequenos, somos influenciados pelo poder das histórias. Aquelas que nossos pais contam, que nossos avós nos contam. As histórias servem para aguçar a imaginação, para nos transportar para outros mundos. A criatividade fica aflorada e a criança acredita que tem o universo nas mãos. Isso ajuda e muito no desenvolvimento cognitivo e emocional.

É por isso que fábulas, por exemplo, fazem tanto sucesso. Lições de moral que vêm por meio de animais vivendo coisas fantásticas tendem a ser absorvidas de um jeito muito mais eficaz do que se nossos pais dissessem, por exemplo: "Deus ajuda quem cedo madruga". As histórias simplificam conceitos complexos e fazem com que eles sejam mais acessíveis.

E apesar de eu ter começado ressaltando a importância das histórias na infância, também aprendemos com histórias como adultos. Ou vai me dizer que você nunca leu um livro ou assistiu a uma série e ficou revirando uma cena específica na mente até entender alguma coisa?

É muito comum que palestras comecem com uma parte narrativa – isso prende o espectador. E, em alguns casos, as histórias são importantes para ilustrar, dar nome e rosto para o assunto que está sendo abordado. No caso do racismo no ambiente corporativo, histórias servem para demonstrar que ele existe e tornar o problema mais tangível. Foi por isso que quis encerrar cada capítulo deste livro com uma história real, por exemplo. As histórias que escolhi com tanto cuidado têm o poder de ilustrar e aprofundar as questões abordadas em cada capítulo, para que não fiquem no campo do abstrato.

Mas, tendo eu me colocado no papel de ensinar como uma empresa pode se tornar antirracista na prática, seria impossível não compartilhar minha história. Achei importante separar um capítulo para narrar a minha jornada pessoal e comentar a minha experiência. Afinal, todos nós temos narrativas que nos definem, e é por meio delas que transmitimos experiências, valores e aprendizados. Então, está na hora de contar um pouquinho da minha história.

A HISTÓRIA CONFORME AS ENTREVISTAS

Não sei em que dia da semana você está lendo isso, mas posso dizer que estou escrevendo em um domingo. A vida por aqui anda bastante corrida e acabei de voltar de uma viagem a trabalho, então, os finais de semana acabam sendo meu espaço para a escrita. Este momento que agora narro já se foi, ficou no passado. O presente é você com este livro em mãos. A linha que separa passado, presente e futuro é tênue, muito tênue.

Esses tempos se entrelaçam, de maneira que o que fazemos hoje reverbera no amanhã. Assim, o modo como enxergamos o futuro molda o que sentimos e esperamos no presente.

E é justamente nesse entrelaçar de tempos que, por vezes, sinto que existo em duas versões distintas de mim mesma. Há a versão mais enxuta, aquela que salta nas entrevistas e nas conversas rápidas, na qual minha trajetória é contada em poucas palavras. É uma história simplificada, que foca o agora. Só que há também a versão mais profunda, mais completa, que considera tudo e todos que vieram antes de mim – as pessoas, os momentos e as escolhas –, formando a base sobre a qual me apoio para estar onde estou hoje. Assim como o passado, presente e futuro se conectam, essas duas histórias se complementam, revelando diferentes facetas de uma mesma jornada.

Sou mãe de Alicia e Olivia, minhas maiores inspirações e fontes constantes de motivação. A experiência da maternidade não apenas transformou profundamente quem sou como pessoa, mas também me trouxe uma nova perspectiva sobre minha jornada profissional. Hoje, vejo minha trajetória com um olhar mais humano e alinhado aos valores que sempre busquei defender.

Sou cofundadora da Lipa, startup que busca trazer inovação para o ambiente corporativo. Promovemos segurança psicológica para os trabalhadores e ajudamos a fortalecer a reputação das marcas. Meu envolvimento com causas sociais e diversidade também me levou a ser membro do Fórum Permanente de Afrodescendentes da ONU, uma iniciativa que busca promover a justiça e os direitos de pessoas afrodescendentes em todo o mundo.

Atualmente, ocupo o cargo de diretora de pessoas, governança e integridade do pacto global da ONU, uma função que exige um olhar atento às questões de responsabilidade corporativa e desenvolvimento sustentável. Além disso, tenho a honra de ser conselheira da Fiesp da Universidade São Judas Tadeu e da Fama re.capital.

Ao longo da carreira, me tornei mentora de diversas pessoas, compartilhando meu conhecimento sobre carreiras e ajudando outros a encontrarem seus caminhos. Já tive a oportunidade de palestrar em eventos como o TEDx e fui reconhecida pelo LinkedIn como uma das Top Voices na área de saúde mental e equilíbrio no ambiente de trabalho.

Tenho mais de 25 anos de experiência em administração, operações e gestão de pessoas, mas, se você lembrar bem, sou formada em Letras e comecei na área de tradução. Sim, o inglês sempre esteve bastante presente na minha vida, mas as oportunidades que a vida me deu acabaram traçando meu destino de outra forma. Foi por isso que me especializei em Gestão de Projetos pela FGV, Gestão Corporativa pela Fundação Dom Cabral e ainda fiz um MBA em Transformação Digital pela Saint Paul Escola de Negócios. Hoje em dia, continuo estudando, porque estudar nunca é demais. Estudo os temas do ESG e stakeholders, sempre em busca de formas de impactar positivamente as organizações e a sociedade.

Tive muitas posições de destaque em empresas de grande porte ao longo da carreira. Por exemplo, fui vice-presidente de diversidade em um banco de investimento francês, no qual liderei iniciativas focadas na inclusão e na equidade racial. Também atuei como executiva de operações em uma empresa jurídica norte-americana, na qual pude aprimorar as habilidades em gestão e liderança em um cenário global.

Gosto de contar tudo isso como forma de me aproximar de você, que lê este texto, para que possa entender um pouco mais das experiências que me levaram a refletir de forma tão profunda a respeito de questões que sempre considerei essenciais, como saúde mental e equilíbrio no ambiente de trabalho. À medida que fui amadurecendo pessoal e profissionalmente, percebi o quanto esses temas são fundamentais para qualquer organização que tenha a intenção de prosperar de forma sustentável e humana.

Foi essa compreensão que me levou a compartilhar algumas das minhas visões e aprendizados no LinkedIn, abordando a importância de criar espaços de trabalho que respeitem e valorizem o bem-estar emocional dos colaboradores. Para mim, uma empresa só pode atingir seu verdadeiro potencial quando reconhece a importância de cuidar das pessoas que a constroem, e esse tem sido o foco das minhas reflexões e contribuições nas redes.

Essa é a história que costumo contar, baseada no meu currículo, permitindo que as pessoas entendam algumas das minhas realizações profissionais. Mas é, ao mesmo tempo, uma história sem subjetividades. E, embora muitas vezes compreendamos a importância de preservar nossas subjetividades, acabamos trilhando um caminho que leva ao seu apagamento, como se houvesse um verdadeiro sequestro da nossa individualidade, sobretudo nos ambientes corporativos.

Isso me faz refletir sobre o quanto o momento de nos apresentarmos é uma situação social relevadora. O que você conta a seu respeito e o que deixa de lado? Muitas vezes, é quase como se a identidade de pessoas negras fosse reduzida àquilo que fazem no campo profissional. É como se o valor dessas pessoas estivesse limitado ao papel que desempenham em uma determinada organização, seu eu profissional. Essa tendência de nos definirmos apenas pelo trabalho acaba apagando partes fundamentais de quem somos, desconsiderando experiências, histórias e aspectos pessoais que compõem nossa verdadeira essência.

A versão que apresentei de mim logo acima não leva em conta quem veio antes de mim e me ajudou a chegar onde estou hoje. Além disso, não menciona os desafios e obstáculos que enfrentei ao longo do caminho. Vivemos em um mundo que, muitas vezes, ignora o que veio antes de nós, sem perceber o quanto herdamos do passado. Já parou para refletir sobre o legado que nos foi deixado? Pense nas pessoas que plantaram as primeiras sementes, construíram as cidades, travaram batalhas políticas e lideraram movimentos sociais em defesa de direitos. Raramente damos a devida atenção ao impacto dessas ações em nossas vidas hoje.

Por isso, vamos para a minha história para além das entrevistas.

PARA ALÉM DAS ENTREVISTAS

Nasci no dia 18 de fevereiro de 1979, no mesmo dia e mês que a escritora e ativista Audre Lorde, uma coincidência que, de certa forma, parece carregar certo simbolismo. Sou natural de São Paulo e cresci em uma família interracial, uma experiência comum para tantos brasileiros e que acabou por moldar muitas das minhas vivências de mundo.

Ouvia frases como “tem que dar um jeito nesse cabelo”, “branca demais para ser preta e preta demais para ser branca”. São frases doloridas e muitíssimo comuns de serem ouvidas por brasileiros negros de pele clara.

Meus pais vieram de lares humildes, ambos filhos de mães brancas e pais negros. Foram criados na zona leste de São Paulo, um local que também foi o cenário da maior parte da minha infância e juventude. Essa miscigenação racial na minha família criou um ambiente em que as questões de identidade racial eram complexas. Essas dinâmicas influenciaram profundamente minha formação.

Desde cedo, fui o tipo de criança extremamente curiosa e observadora. Sempre ávida por aprender e logo o inglês se tornou meu foco. Entendia que saber um outro idioma poderia, de alguma forma, me garantir algum destaque e, por isso, tinha uma enorme vontade de me matricular em um curso de idiomas.

Naquela época, era incomum que uma criança tão jovem – eu tinha 9, quase 10 anos – estivesse estudando inglês. No meu caso, era algo que parecia ainda mais raro, considerando que eu era a mais nova da turma, cercada por adolescentes e adultos.

Ali, em meio a palavras e sons completamente novos, eu mergulhava em um universo linguístico que, embora desafiador, abriria muitas portas para mim depois. A cada aula, meu vocabulário crescia, e eu começava a vislumbrar possibilidades que antes pareciam distantes. Para alguém vindo de uma região periférica, onde o acesso a oportunidades desse tipo era limitado, estudar inglês naquela idade era quase um privilégio, algo que nem todos tinham a chance de vivenciar.

Naquele momento, eu ainda não compreendia o impacto que isso teria na minha vida, mas hoje reconheço o quanto aquela decisão moldou não só meu futuro profissional, mas também minha visão de mundo.

Eu era uma criança muito quieta, sempre muito introspectiva. Durante muito tempo, acreditei que essa quietude fosse fruto de timidez, mas hoje vejo que era algo mais profundo. Eu me sentia deslocada, como se não pertencesse inteiramente à sociedade em que estava inserida.

Esse sentimento de desenraizamento vinha, em grande parte, do fato de que eu era negra e, ao mesmo tempo, era pressionada a não ser. Na minha família, havia uma insistência velada para que o lado branco fosse sempre ressaltado, como se fosse uma forma de proteção, uma forma de se adaptar a um mundo em que a cor da pele influenciava profundamente as oportunidades e o tratamento recebido.

Isso se manifestava em coisas como o alisamento do meu cabelo desde muito cedo e em pequenos gestos cotidianos, como evitar chamar atenção ou me adequar a comportamentos considerados mais "aceitáveis". Havia uma expectativa de que, ao destacar minha aparência mais próxima do padrão branco, eu estaria, de certa forma, mais protegida dos preconceitos e obstáculos enfrentados por pessoas negras. No entanto, essa tentativa de apagamento criava uma sensação constante de deslocamento, de não pertencer completamente a nenhum dos lados, de uma identidade fragmentada que eu ainda estava longe de entender.

> "Flora olhou para minha mãe e perguntou, talvez sem maldade, por que a pele dela era mais escura. E foi a primeira vez que alguém falou da cor da sua pele."
> — Jeferson Tenório, *O avesso da pele*

A sociedade, desde cedo, exigia que eu me moldasse, que me ajustasse aos padrões, como se eu tivesse que justificar minha própria existência. Era como se, para ser aceita, precisasse me encaixar em moldes que não refletiam quem eu realmente era. E o peso dessa expectativa não vinha apenas do mundo externo; minha própria família, acreditando que era uma forma de proteção, reforçava a necessidade de adaptação. Sempre havia uma sutil pressão para que eu me conformasse com padrões mais aceitáveis, ressaltando o lado mais branco da minha identidade e apagando, aos poucos, minha autenticidade.

Olhando para trás, consigo perceber com mais clareza como essa exigência constante de me adequar afetou minha capacidade de ser inteira, de viver minha verdade. Passei anos tentando corresponder ao que esperavam de mim, sem perceber que isso estava me afastando de quem eu realmente era. Esse processo não se limitou à minha infância e adolescência; se estendeu aos espaços que ocupei depois, sobretudo no mundo corporativo. Nos ambientes profissionais, essa pressão para me moldar se intensificou. Ali, a expectativa de adaptação era ainda mais palpável, como se eu precisasse provar meu valor a todo momento, justificando minha presença e competindo para me encaixar em padrões de sucesso que não deixavam espaço para minha pluralidade.

Essa busca por aceitação, tanto familiar quanto social, me custou a liberdade de ser autêntica. Eu sempre tinha a sensação de que, para pertencer, precisava esconder partes de mim, suavizar minhas características e sufocar minha própria voz. Hoje percebo o quanto a luta por aceitação comprometeu minha capacidade de ser inteira e verdadeira em cada espaço que ocupei.

Por falar no mundo corporativo, minha trajetória profissional também começou cedo. Eu me graduei em Tradução e Interpretação e, mais tarde, busquei me especializar em áreas como gestão corporativa, finanças, gestão de projetos e governança empresarial. No entanto, o que abriu mesmo as primeiras portas para mim foi o inglês. Naquela época, essa era uma habilidade rara, principalmente para alguém vindo da periferia como eu. Dominar o inglês se tornou um diferencial e foi crucial para que eu pudesse avançar e conquistar oportunidades ao longo da carreira.

Sou a mais velha de três irmãos. Depois de mim, veio minha irmã e, por último, o irmão caçula. Uma estrutura familiar como essa teve um profundo impacto na minha formação. Eu sentia, como irmã mais velha, o peso da responsabilidade ao abrir caminho para meus irmãos. Carregava as expectativas da minha família nos ombros. Era como se o sucesso e a superação fossem parte do que eu precisava conquistar não apenas por mim, mas por todos nós.

Sendo uma mulher negra, essa jornada foi ainda mais desafiadora. O racismo é uma sombra constante, invisível para muitos, mas presente em cada esquina. Ele está sempre ali, mesmo quando não é explicitamente percebido, afastando oportunidades e sufocando sonhos. Passei por muitas experiências difíceis por causa disso, e cada uma delas me deu uma visão mais ampla e crítica sobre a sociedade em que vivemos. O mercado de trabalho, em particular, me mostrou como as barreiras para pessoas negras podem ser sutis, mas poderosas. O racismo, além de estrutural, está enraizado em nossas relações, nas interações diárias e na forma como o mundo em volta é construído.

OS PILARES

Todos esses obstáculos me fizeram refletir sobre o que é de fato importante e como podemos, a partir das nossas próprias trajetórias, contribuir para mudanças significativas. E é por isso que quero falar de três pilares fundamentais que têm guiado minha atuação: inovação, diversidade e a melhor forma de investir não só nosso dinheiro, mas também nosso tempo e energia. A inovação não pode existir sem a diversidade, e nenhuma estratégia de crescimento será sustentável se não valorizarmos o potencial de cada pessoa. Minha vivência me mostrou que a verdadeira riqueza está em construir espaços mais inclusivos e, ao mesmo tempo, encontrar formas inteligentes de investir no futuro que queremos criar.

Sabemos que os negros compõem a maioria da população brasileira, e o Brasil abriga a maior população negra fora da África. Isso nos dá um poder de influência imenso, inclusive a capacidade de decidir uma eleição já no primeiro turno, se estivermos unidos e conscientes da nossa força.

Agora, vamos falar das mulheres negras. Você sabia que elas são um dos motores mais poderosos da economia no Brasil?[1]

---

1 NEGRAS movimentam R$ 704 bi por ano, mas são escanteadas pela publicidade. *Folha de S.Paulo*, São Paulo, 28 out. 2019. Disponível em: https://www1.folha.uol.com.br/mercado/2019/10/negras-movimentam-r-704-bi-por-ano-mas-sao-escanteadas-pela-publicidade.shtml. Acesso em: 12 abr. 2025.

Mas não é só isso. Mulheres negras têm o poder de decisão de compra na maioria dos lares brasileiros. São as responsáveis pelas escolhas que moldam o mercado e definem quais produtos entram nas casas, o que faz delas uma força econômica gigantesca.

E aqui vai mais um dado relevante: 62% da população negra afirma que consumiria mais de marcas que de fato as representassem.[2] Isso nos faz pensar no potencial desperdiçado por empresas que ainda não compreendem o poder desse mercado. Estamos falando de um grupo que não apenas movimenta bilhões, mas que também está buscando marcas que o veja e o respeite.

Apesar de serem muitos, os estudos sobre o comportamento de consumo pouco citam esses consumidores. É como se eles estivessem ausentes da nossa sociedade de consumo, como se não fizessem parte do cenário econômico que tanto se analisa. Quando pensamos em inovação nos negócios, no futuro do trabalho e na diversidade, percebemos uma falha significativa por parte das empresas em não reconhecer a importância desses números e dessas pessoas.

Porém, a questão é: será que as empresas realmente não compreendem o impacto desse público ou estamos lidando com uma perpetuação do racismo estrutural? Para muitas organizações, talvez seja mais fácil varrer o racismo para debaixo do tapete, fingir que não existe, e assim ninguém precisa falar

2 ESTUDO aponta que 62% dos consumidores negros priorizam marcas com representatividade; confira nossas dicas. *Mundo Negro*, [S. l.], [2024]. Disponível em: https://mundonegro.inf.br/estudo-aponta-que-62-dos-consumidores-negros-priorizam-marcas-com-representatividade-confira-nossas-dicas/. Acesso em: 12 abr. 2025.

do assunto. Só que essa omissão tem consequências graves. O racismo, quando ignorado, não só perpetua a exclusão, mas também impede que oportunidades de negócios valiosas sejam aproveitadas.

Essa negligência tem um custo real, algo que chamamos de "custo do racismo" no Brasil. Ao desconsiderar uma parcela tão significativa da população, as empresas não apenas perpetuam desigualdades sociais como também deixam de explorar mercados imensos e promissores. Grandes oportunidades de inovação e crescimento ficam pelo caminho, tudo porque o racismo ainda molda, de forma invisível, muitas das decisões estratégicas. Ao não reconhecer a força econômica dos consumidores negros, as empresas perdem competitividade e se afastam de um futuro mais inclusivo e próspero. O custo não é apenas social – também é econômico e reflete o quanto ainda temos que evoluir para criar um mercado verdadeiramente justo e diverso.

Certa vez li no Instagram o post de uma mulher chamada Cris, empresária de sucesso e negra retinta. Nesse post, Cris reclamava de um desafio que, apesar de parecer pequeno, era reflexo de problemas muito maiores da nossa sociedade: a falta de produtos no mercado da maquiagem que contemplassem seu tom de pele.

Cris comentou que um de seus hobbies favoritos era a maquiagem. Gostava de experimentar novos produtos, testar diferentes cores e acabamentos. Porém, como mulher negra retinta, encontrar produtos que se adaptassem ao tom da sua pele era uma saga. Mesmo morando em uma grande cidade e tendo um bom poder de compra, ela quase nunca encontrava base, pó ou corretivo que fossem de fato adequados ao seu tom de pele nas lojas brasileiras.

E quando por fim encontrava algum produto que prometia atender às suas necessidades, quase sempre precisava fazer o pedido online e esperar dias, às vezes semanas, para que ele fosse enviado. É um processo cansativo, sobretudo considerando que esses itens deveriam ser acessíveis a qualquer pessoa, independentemente do tom de pele.

Cris comentou que, por ter uma posição privilegiada, recorria com frequência a compras internacionais. Ela adquiria maquiagem de marcas estrangeiras, que possuem uma gama de tons muito mais inclusiva.

No entanto, enquanto ela tem a oportunidade de comprar produtos fora do Brasil, sabemos que muitas mulheres negras, com o mesmo tom de pele que o dela, não têm esse privilégio. Essas mulheres são consumidoras do mercado brasileiro, movimentam bilhões de reais por ano e ainda assim são negligenciadas por empresas que insistem em não oferecer produtos que as representem ou que atendam às suas necessidades.

Essa falta de representatividade nos produtos de maquiagem reflete algo maior: o racismo estrutural que permeia até o consumo. Mulheres como Cris, com poder aquisitivo e acesso ao mercado internacional, conseguem contornar esse problema, mas o que dizer das tantas outras que, apesar de movimentarem a economia, continuam invisíveis aos olhos das grandes marcas? Enquanto isso, oportunidades de negócios são desperdiçadas e uma parte significativa da população continua sendo negligenciada, sem ver suas demandas e identidades devidamente representadas.

E, veja bem, apesar de o exemplo escolhido ter sido o da maquiagem, estamos falando de mercados que, de forma geral, ainda optam por ignorar uma parcela significativa de consumidores, perpetuando a exclusão mesmo em situações cotidianas. O que seria apenas uma compra simples para muitas mulheres se transforma em uma luta constante para Cris e para tantas outras.

O problema é que as decisões e as soluções continuam concentradas nas mãos das mesmas pessoas. Quando falamos em decisões estratégicas dentro de uma empresa, é importante entender onde elas são de fato tomadas. E é isso o que quero explicar para você agora: os conselhos de administração. São nesses espaços que as grandes decisões são materializadas, influenciando diretamente o futuro das empresas e, muitas vezes, das nossas vidas. Esses conselhos sempre me pareceram um lugar exclusivo, quase inatingível, formado por um grupo muito específico de pessoas. Na minha mente, a imagem que se criava era a de homens brancos, de meia-idade, grisalhos, talvez fumando um charuto e tomando um whisky caríssimo dos anos 1940. E tenho certeza de que você também deve ter essa visão.

Contudo, o pior é que essa imagem não é só fruto da nossa imaginação. É a realidade. Só 16% das empresas brasileiras têm mulheres nos conselhos de administração, e o mais chocante: quase 100% dessas poucas mulheres são brancas.[3] Isso nos

---

3 MULHERES ocupam 16% dos cargos de administração no Brasil. *Meio & Mensagem*, [S. l.], [2024]. Disponível em: https://www.meioemensagem.com.br/womentowatch/mulheres-ocupam-16-dos-cargos-de-administracao-no-brasil. Acesso em: 12 abr. 2025.

leva à pergunta essencial: onde está a maioria da população? Quem de fato está decidindo o futuro das empresas e, por consequência, das nossas comunidades? Essa é a pergunta de um milhão de reais.

Agora, quero compartilhar um fato que revela muito sobre o estado das coisas. Vamos falar de uma grande loja de moda feminina que você provavelmente conhece. O slogan da empresa é "de mulher para mulher", algo que sugere que essa marca entende e valoriza as mulheres em todos os aspectos. Porém, sabe quantas mulheres faziam parte do conselho de administração ou ocupavam cargos na diretoria dessa empresa em 2022? Nenhuma. Isso mesmo, zero mulheres na alta liderança.

Ou seja, a marca que vende a ideia de estar conectada com as mulheres, de entender suas necessidades e desejos, mas que, na prática, não tinha nenhuma mulher participando das decisões mais importantes. Isso nos faz refletir bastante sobre a falta de representatividade, mesmo em empresas que lucram diretamente com o consumo feminino. Como esperar que as soluções para uma sociedade diversa sejam adequadas se as decisões continuam sendo feitas por um grupo tão homogêneo?

A falta de mulheres, sobretudo de mulheres não brancas, nesses espaços de poder reflete o racismo estrutural e o machismo que permeiam nossas instituições. Se queremos inovação, crescimento sustentável e decisões que de fato representem a diversidade da nossa população, precisamos mudar a composição desses conselhos. Precisamos garantir que as decisões não sejam monopolizadas por um grupo restrito e, muitas vezes, desconectado da realidade da maioria dos brasileiros.

A MUDANÇA

Felizmente, o mercado tem sido cada vez mais pressionado a mudar, e até temos visto algumas reações positivas. Afinal, não é mais aceitável termos pessoas tão semelhantes em aparência, formação e experiências ocupando os espaços estratégicos e de decisão. Já está claro que, quando todos dentro de um grupo pensam de forma parecida, a inovação sofre. Imagine um cenário em que todos vêm das mesmas escolas, frequentam as mesmas universidades e se movem nos mesmos círculos sociais – aquela velha indicação da "mesma bolha". Essas pessoas compartilham as mesmas ideias, as mesmas referências e, consequentemente, pensam de maneira muito parecida. O resultado? Um comportamento que não favorece a sustentabilidade dos negócios.

E do que as empresas mais precisam agora, mais do que nunca, é inovação aliada à diversidade. Precisamos disso para entender melhor os hábitos de consumo, acompanhar o desenvolvimento tecnológico e criar produtos e serviços que realmente atendam à complexidade e à diversidade do mercado. Isso vale para tudo, desde as soluções mais simples até os projetos mais ambiciosos.

Para que isso aconteça, precisamos com urgência de mais pessoas negras ocupando todos esses espaços de poder. Nós, negros, representamos 56% da população brasileira.[4] Não só merecemos

4 Dado da Pesquisa Nacional por Amostra de Domicílios Contínua: características gerais dos domicílios e dos moradores (2022).

estar ali, como é essencial que estejamos, sobretudo para atender ao público que, como mencionei antes, não está sendo incluído nas pesquisas de consumo e continua sendo ignorado pelas grandes marcas. O mercado precisa perceber a força desse público e atender às suas demandas de maneira eficaz e respeitosa.

Há uma enorme quantidade de pessoas negras incrivelmente competentes, preparadas e capazes de entregar resultados extraordinários. Elas estão mais do que prontas para ocupar esses espaços, mas continuam sendo subaproveitadas. A diversidade é a chave não só para o crescimento sustentável das empresas, mas também para a inovação verdadeira.

Aí me surge mais uma dúvida: por que essas pessoas não estão nesses espaços de poder? Por que não vemos mais diversidade nas lideranças empresariais? A resposta mais provável é que as empresas não sabem procurar ou, pior, não querem procurar. Elas preferem continuar na zona de conforto, buscando talentos apenas dentro da própria bolha e, assim, marginalizando grandes profissionais que poderiam fazer toda a diferença.

Existe uma narrativa comum no meio corporativo que reforça essa mentalidade. Muitos gestores afirmam que trabalhar com pessoas de origens e experiências diferentes pode prejudicar o "alinhamento estratégico". Eles dizem que a curva de aprendizado para integrar equipes diversas é muito trabalhosa, que demanda muita energia da liderança e que isso, no fim, impacta negativamente a qualidade e os resultados da empresa. Esse tipo de discurso é usado como desculpa para manter tudo como está. Eles dizem que é mais fácil trabalhar com pessoas que já pensam da mesma maneira, vêm das mesmas escolas e têm as mesmas referências. Tudo isso acaba sendo um grande *blá, blá, blá*.

Por que *blá, blá, blá?* Porque já está mais do que provado que a diversidade não só não atrapalha como melhora significativamente a lucratividade e o desempenho das empresas. Harvard Business School, McKinsey e muitas outras instituições renomadas já conduziram estudos que demonstram isso claramente. Por exemplo, um estudo da McKinsey de 2023 mostrou que empresas diversas têm 39% mais chances de superar benchmarks financeiros. Outro estudo, da Boston Consulting Group, de 2018, revelou que empresas com equipes de liderança diversas geram 19% mais receita proveniente de inovação do que aquelas com liderança homogênea.

Esses números não são mera coincidência. A diversidade traz novas perspectivas, novas soluções para velhos problemas, e, no final, resultados melhores. Vamos pegar o exemplo da Coca-Cola, que, ao perceber que sua liderança estava muito desconectada de sua base de consumidores – que é amplamente diversa –, fez um esforço consciente para trazer mais diversidade para sua alta gestão. Como resultado, a empresa não só aumentou o desempenho financeiro, como conseguiu conectar-se melhor com o mercado, adaptando-se rapidamente às mudanças de comportamento dos consumidores.[5]

5 METAS de inclusão ajudam empresa de bebidas a alcançar diversidade racial e de gênero. *Folha de S.Paulo*, São Paulo, 12 dez. 2024. Disponível em: https://www1.folha.uol.com.br/diversidade-nas-empresas/2024/12/metas-de-inclusao-ajudam-empresa-de-bebidas-a-alcancar-diversidade-racial-e-de-genero.shtml. Acesso em: 12 abr. 2025.

Outro exemplo é o da Unilever,[6] que lançou uma série de programas para promover a diversidade e a inclusão em suas equipes com foco na liderança feminina e em pessoas de diferentes origens étnicas. O impacto foi direto: além de melhorar o ambiente de trabalho, a Unilever viu um crescimento nos resultados, com inovações mais alinhadas ao que o público de fato deseja. Isso demonstra que, quando empresas realmente investem em diversidade, o retorno é visível não apenas em termos financeiros, mas também em termos de relevância de mercado.

Portanto, quando ouço esse argumento de que diversidade atrapalha ou que demanda muita energia, me pergunto se essas empresas estão realmente comprometidas em buscar o melhor para si mesmas ou se estão apenas mantendo um status quo confortável. O que sabemos, com base em pesquisas e exemplos reais, é que a inclusão de diferentes vozes não só melhora o ambiente corporativo, mas também gera mais inovação e, no final das contas, mais lucro. Então, a desculpa da "curva de aprendizado" não passa de uma tentativa de evitar a mudança necessária para um futuro mais inclusivo e sustentável.

APRENDENDO COM RIHANNA

Se você quer ver um exemplo concreto de como a diversidade pode revolucionar uma indústria e, ao mesmo tempo,

6 EQUIDADE, diversidade e inclusão. *Unilever Brasil*, [S. l.], [2023?]. Disponível em: https://careers.unilever.com.br/equidade-diversidade-inclusao. Acesso em: 12 abr. 2025.

ser extremamente lucrativa, basta olhar para o caso de sucesso da cantora Rihanna. Com suas marcas, especialmente a Fenty Beauty, ela não só mudou a indústria da beleza, mas também provou que investir em inclusão e representatividade é uma estratégia altamente rentável.

Em 2019, a Fenty Beauty faturou mais de 500 milhões de dólares,[7] superando gigantes da indústria da beleza que estavam no mercado há décadas. E qual foi o "pulo do gato" de Rihanna? Ela fez o que muitas outras marcas ignoravam: lançou uma linha de maquiagem com uma ampla gama de tons, que atendia a todos os tipos de pele, desde as mais claras até as mais escuras. Quando a Fenty Beauty foi lançada, o mercado de maquiagem oferecia, no máximo, dez ou doze tons de base, deixando muitas pessoas – sobretudo as de pele mais escura – sem opções adequadas. Rihanna mudou isso ao disponibilizar nada menos que quarenta tons de base diferentes logo no lançamento da marca, algo inédito na indústria. Essa simples ação transformou a Fenty Beauty em um ícone de inclusão, ganhando a fidelidade de consumidores que, pela primeira vez, se sentiram verdadeiramente vistos e representados.

Além da variedade de produtos, Rihanna também foi visionária ao desenvolver campanhas publicitárias que refletiam essa diversidade. Os rostos das campanhas não eram apenas os estereótipos tradicionais da beleza, mas uma celebração de diferentes etnias, formatos de corpo, gêneros e idades. Isso criou um forte vínculo emocional com seus consumidores, que se viam refletidos na marca. Parece até óbvio, não é? Mas, por anos, a

7 Dado do site BigBlue, aplicativo de logística.

maioria das empresas de cosméticos ignorou a necessidade de representar a diversidade real de seus consumidores.

O sucesso da Fenty Beauty foi tão impactante que forçou outras marcas de beleza a repensarem as próprias estratégias. Marcas que antes lançavam produtos com uma paleta de cores limitada passaram a ampliar as linhas para incluir mais tons e atender a um público mais amplo. Mesmo assim, a Fenty Beauty se manteve à frente, não apenas porque lançou produtos inovadores, mas porque suas ações tinham um propósito claro: incluir quem sempre foi excluído pelo mercado tradicional.

Os números não mentem. No primeiro mês de operação, a Fenty Beauty faturou cerca de 100 milhões de dólares e, em menos de dois anos, ultrapassou a marca de 570 milhões de dólares em receita. Esses resultados são impressionantes, mas o mais significativo é que eles foram impulsionados por uma estratégia de inclusão que há muito tempo faltava na indústria da beleza.

Outro exemplo do impacto de Rihanna na diversidade foi o lançamento da Savage X Fenty, sua linha de lingerie. Assim como fez na Fenty Beauty, ela trouxe diversidade de corpos, gêneros e estilos, rompendo com o padrão tradicional da indústria de lingerie que, por muito tempo, focava um único tipo de corpo e beleza. O resultado? Em 2023, a marca foi avaliada em 3 bilhões de dólares, consolidando-se como uma das marcas de lingerie mais inclusivas e bem-sucedidas no mercado.

Rihanna provou que representar a diversidade não é apenas uma questão de justiça social, mas uma estratégia comercial poderosa. As marcas que seguirem esse caminho de inclusão estarão se posicionando para liderar mercados e conquistar consumidores que, por muito tempo, foram negligenciados. O que parece tão simples – atender às necessidades de todos – é, na verdade, um movimento revolucionário que gera tanto impacto social quanto lucro.

Criar novos produtos, como no exemplo de Rihanna com a Fenty Beauty, vai muito além de inovação técnica: trata-se de pensar em soluções inclusivas, sem exceções. E aqui no Brasil tivemos um caso semelhante em 2019, com a Avon, que também reconheceu a importância de ouvir os consumidores e pensar fora da caixa. A empresa sentiu a necessidade de se reconectar com um público muitas vezes negligenciado e decidiu tomar uma atitude. Eles perceberam que a diversidade não era apenas uma questão social, mas uma oportunidade de mercado.

Foi então que a Avon montou uma equipe de especialistas majoritariamente negra, capacitada para entender as demandas reais dos consumidores, sobretudo em relação aos tons de pele que não eram atendidos adequadamente. Dessa pesquisa e do trabalho da equipe, nasceu a campanha "Essa é a Minha Cor". O resultado? A empresa lançou 51 novos produtos, desenvolvidos para cobrir uma gama de tons de pele, com foco nos tons médios a escuros, que são frequentemente esquecidos no mercado de cosméticos. Com essa campanha, a Avon não só ampliou o portfólio como também passou a se conectar de forma mais autêntica com uma enorme parcela da população brasileira que, até então, se via sub-representada nas prateleiras.

Os números falam por si. A campanha "Essa é a Minha Cor" gerou um impacto positivo tanto no mercado quanto no público.[8] A marca viu um aumento significativo nas vendas desses novos produtos e, mais importante ainda, conquistou a fidelidade de consumidores que enfim se sentiram representados. Isso reflete um ponto crucial: a diversidade não é apenas um princípio ético, mas uma ferramenta estratégica poderosa que gera resultados concretos.

Além disso, esse movimento da Avon também fez parte de uma tendência global de marcas reconhecendo o valor da inclusão. No Brasil, onde mais de 50% da população se autodeclara negra ou parda, esse tipo de ação não é apenas necessário, mas essencial para o crescimento sustentável. Assim como a Fenty Beauty forçou a indústria da beleza a se adaptar a novas demandas, a campanha da Avon mostrou que as marcas que se abrem para a diversidade não só crescem como criam um impacto social positivo. Em um mercado competitivo como o de cosméticos, ignorar essa realidade significa ficar para trás.

Para dar mais perspectiva, de acordo com pesquisas, o mercado de cosméticos para peles negras tem um potencial de crescimento imenso. Estima-se que, em 2019, o mercado global de cosméticos para pessoas de pele escura movimentou cerca de 2,5 bilhões de dólares, e o Brasil, com uma grande população negra, é um dos principais mercados para essa expansão. A Avon, ao apostar na diversidade, não apenas preencheu uma lacuna, mas também se posicionou como marca inovadora e

8 AVON anuncia compromisso antirracista em nova campanha: "Essa é a minha cor". *Mundo Negro*, [S. l.], [2020]. Disponível em: https://mundonegro.inf.br/avon-anuncia-compromisso-antirracista-em-nova-campanha-essa-e-a-minha-cor/. Acesso em: 12 abr. 2025.

inclusiva, pronta para atender as necessidades de um público que, por muito tempo, foi ignorado.

INOVAÇÃO E DIVERSIDADE

O que a Avon e Rihanna nos ensinam é que inovação e diversidade devem caminhar juntas. As empresas que querem prosperar em um mundo cada vez mais diverso e conectado precisam entender que não basta criar produtos, é preciso criar soluções que atendam a todos. E essa inclusão, quando feita de forma autêntica, não só melhora a reputação da marca como também abre novas oportunidades de crescimento. Como vemos, quando a diversidade é incorporada desde o início do processo de inovação, os resultados falam por si – tanto social quanto economicamente.

É impressionante pensar que nós, mulheres negras, apesar de sermos maioria em tantos aspectos, em especial no mercado da beleza, continuamos a ser ignoradas. Passei anos procurando algo tão básico quanto uma base para o meu tom de pele. Sabe por quê? Porque não havia um produto que não deixasse minha pele acinzentada. A frustração de tentar encontrar algo que fosse de fato feito para mim era constante. E se formos falar de produtos para cabelo, então, aí o assunto se torna ainda mais complexo, porque também enfrentamos enormes dificuldades. Isso me faz refletir sobre o quanto ainda precisamos avançar quando falamos de diversidade e inclusão, sobretudo em setores como o da beleza, no qual o padrão tradicional não nos atende.

A inovação precisa, com urgência, começar a olhar para essas questões com mais atenção, eliminando hábitos ultrapassados que já não têm mais lugar no mundo de hoje. É hora de parar de reproduzir comportamentos que perpetuam a exclusão e o apagamento de certas identidades. Não podemos mais repetir os erros do passado. As empresas precisam entender que promover a diversidade não é apenas um ato de justiça social ou de "assistencialismo". É uma questão de estratégia, de oportunidade de negócios, porque atender às necessidades de um público diverso significa expandir o mercado e aumentar as chances de crescimento.

Comportamentos que promovem a homogeneidade precisam ser estudados e modificados para que a diversidade floresça. Não se trata apenas de incluir por incluir, mas de ter uma intenção clara e, mais importante, de agir. A diversidade não é um benefício apenas para os grupos que foram historicamente marginalizados. Ela beneficia a todos, pois traz novas perspectivas, ideias e soluções para problemas antigos. Além dos benefícios sociais óbvios, a diversidade também é uma grande oportunidade de negócios. As empresas que compreenderem isso e agirem de maneira genuína terão uma vantagem competitiva enorme. O futuro da inovação depende de enxergar a diversidade como uma força essencial de sucesso – para as empresas, para os consumidores e para a sociedade como um todo.

Trabalho há mais de 25 anos no setor corporativo e vou compartilhar um segredo com você – mas só aqui: muitas empresas, mesmo hoje em dia, continuam desperdiçando dinheiro porque ainda não entenderam de verdade quem são seus consumidores e clientes. Elas investem em pesquisa de mercado, contratam consultorias e até mandam os executivos estudarem em Stanford ou Harvard. Mas de que adianta tudo isso se não conhecem a fundo as pessoas que compram os produtos? É por isso que a diversidade precisa ser uma prioridade real, e não apenas uma pauta de marketing.

Vou compartilhar um exemplo clássico de como a falta de diversidade pode prejudicar uma empresa. Certa marca norte-americana de produtos de cuidados pessoais lançou um sabonete que prometia clarear a pele. Você provavelmente já ouviu falar dessa polêmica. Em um dos comerciais, uma mulher negra aparece usando uma camiseta marrom, e após usar o sabonete líquido, ela se "transforma" em uma mulher branca, vestida com uma camiseta clara.[9] O anúncio gerou uma enorme discussão sobre racismo, porque passava a mensagem implícita de que a pele negra era algo "sujo" ou "indesejado" e que o produto deveria "clareá-la" para torná-la mais aceitável.

A reação foi rápida e severa. Nas redes sociais, milhares de pessoas expressaram indignação, e a marca foi forçada a se desculpar, afirmando que não teve a intenção de ofender alguém. No entanto, o estrago já estava feito. Esse vexame – que claramente poderia ter sido evitado – revela a falta de diversidade no grupo responsável pela campanha. Se houvesse mais pessoas negras, ou ao menos uma equipe com maior sensibilidade cultural e representatividade, é provável que essa ideia jamais

9 DOVE enfrenta nova polêmica racista em propaganda. *Exame*, [S. l.], [2017]. Disponível em: https://exame.com/marketing/dove-enfrenta-nova-polemica-racista-em-propaganda/. Acesso em: 12 mar. 2025.

tivesse sido aprovada. Esse tipo de erro não só prejudica a imagem da marca como também resulta em uma perda financeira considerável, seja pelo boicote dos consumidores, seja pelos custos de retratação.

Deu para perceber que não basta ter diplomas ou seguir modelos tradicionais de gestão para garantir inovação na empresa. Se as empresas não olharem para os consumidores de maneira real e diversa, continuarão cometendo erros fatais. A diversidade no ambiente corporativo não é apenas uma questão de justiça social; é uma ferramenta indispensável para evitar gafes culturais, ampliar o alcance de mercado e, em última instância, garantir a sustentabilidade do negócio.

A falta de diversidade representa perdas significativas para as empresas. Um exemplo claro disso é um relatório do Banco da América, divulgado no ano passado, que revelou que os Estados Unidos poderiam ter adicionado cerca de 2,6 trilhões de dólares ao seu PIB anual se tivessem enfrentado melhor as questões de desigualdade no país. Agora, imagine o que estamos perdendo aqui no Brasil por não lidar adequadamente com essas mesmas questões. Oportunidades de crescimento e inovação estão sendo desperdiçadas, e cabe a nós decidir o rumo que tomaremos nesta nova Revolução Industrial. Será que ela será mesmo inclusiva, abrangendo a todos, ou continuará privilegiando apenas alguns?

A grande questão é: veremos pessoas negras ocupando assentos em conselhos de administração e em posições estratégicas, ou vamos continuar a contratá-las apenas para cargos de nível básico? Isso claramente não é suficiente. Precisamos ir além da inclusão simbólica e promover a inovação. E inovar, no final das contas, é sobre expandir horizontes e, mais importante ainda, é sobre pessoas e suas ideias. Sem a diversidade de vozes, as ideias ficam limitadas, e os negócios também.

O futuro já começou, e o mercado está se transformando depressa. As empresas que resistem à diversidade estão, na verdade, desperdiçando recursos valiosos. Em vez de se manterem na zona de conforto, elas deveriam estar se desafiando, aprendendo com o novo, e abraçando o potencial que só pode ser alcançado com a inclusão genuína. A sociedade exige mais das organizações, e os consumidores estão cada vez mais atentos a essas questões.

Queremos mais do que apenas ocupar espaço; queremos ter voz ativa, influenciar decisões, negociar e fazer parte de ambientes nos quais somos respeitados. E por que não desfrutar de boas companhias e, se for o caso, de um bom whisky? Embora, pessoalmente, eu prefira um guaraná. Mas o ponto é esse: o futuro das empresas depende de uma postura aberta, inclusiva e pronta para a inovação. O sucesso não virá de mais do mesmo, mas sim da capacidade de sair da zona de conforto e abraçar a diversidade em todas as formas.

Desejamos representar e ser representados. Para inovar, é necessário ser audaz, sem medo, pois não há o que temer. Existe um vasto oceano de oportunidades para explorarmos juntos, e, se criarmos coletivamente, tenho certeza de que todos sairemos ganhando, e muito.

Sou fruto da resiliência de um povo que, apesar de tantas adversidades, nunca perdeu a força e a esperança. Mais do que apenas uma história de coragem, carrego a personificação da inovação. A inovação que não vem apenas da tecnologia, mas da capacidade de transformar, de resistir e de criar novas possibilidades onde antes não havia.

Concluo este capítulo com um provérbio iorubá que me acompanha como uma bússola: "Quem faz o que ninguém fez experimentará o que ninguém experimentou". Essa é a sabedoria ancestral africana, que continua a ressoar e a dialogar com o futuro e com a inovação. Ela nos lembra que o caminho para a mudança e o progresso é ousar ir além, é romper barreiras e abrir novos horizontes, algo que só podemos alcançar se, juntos, abraçarmos a diversidade e a inclusão como forças transformadoras.

VOZES DA REALIDADE: **RELATOS QUE MARCAM**

Minha jornada profissional começou cedo, aos 13 anos, mas eu só me tornei "negra" de fato aos 33. Parece uma contradição, mas deixe-me explicar. Minhas lembranças de infância são repletas de momentos felizes: rodas de samba com a família, minhas tias me ensinando a dançar samba rock nas festas de aniversário, e Jorge Ben, Gonzaguinha e Tim Maia tocando na vitrola, grandes referências musicais que moldaram minha identidade. No entanto, apesar desse ambiente cultural rico, a questão racial não era discutida abertamente em casa. Meus pais, como muitos da época, viviam o racismo no cotidiano, mas não tinham as ferramentas, o "letramento" necessário, para combater os estereótipos impostos pela sociedade.

Assim, cresci acreditando que poderia ser e fazer o que quisesse. Na infância, sonhava em ser secretária executiva e tinha plena convicção de que isso seria possível. Embora meu caminho tenha seguido por outras direções, esse senso de possibilidade sempre esteve comigo. Minha carreira acabou se direcionando para a área de Experiência do Cliente, e foi assim que entrei pela primeira vez em uma grande empresa. Em 2011, deixei o cargo de supervisora em um *contact center* para assumir uma posição como assistente de relacionamento com o cliente no Grupo Cyrela. Dois anos depois, já em 2013, estava atuando como analista de backoffice, dando suporte para o time de atendimento das regionais Norte, Nordeste e Centro-Oeste. Meu papel era fazer a interface entre essas áreas e garantir que as necessidades dos clientes fossem atendidas, sobretudo em casos críticos.

Naquele mesmo ano, a área em que eu atuava organizou um encontro para todas as regionais de relacionamento, com o objetivo de trocar boas práticas em Experiência do Cliente. O encontro era exclusivo para coordenadores e gerentes, e apenas algumas pessoas foram selecionadas para participar. Não fui uma das escolhidas. No entanto, todas as pessoas com quem eu trabalhava nas regionais perguntavam sobre mim e manifestavam o desejo de me conhecer pessoalmente. Elas queriam que eu participasse de forma mais ativa, chegando até a pedir que eu visitasse seus estados para conhecer melhor a dinâmica local e contribuir ainda mais. No intervalo do evento, fui cercada por essas pessoas, que me agradeciam pelo suporte e pelo impacto positivo do meu trabalho. Foi uma sensação incrível, estar ali, sendo reconhecida e respeitada, especialmente porque eu era a única mulher negra retinta na equipe.

Os gestores me convidaram para o happy hour pós-evento, querendo continuar a conversa, trocar ideias e me conhecer melhor. A princípio, recusei, mas eles insistiram tanto que acabei aceitando. Até aquele momento, tudo parecia caminhar bem, até que fui chamada pela líder da área para uma conversa em uma sala reservada. E foi naquele momento que me tornei “negra” aos olhos do mundo corporativo, de uma forma que nunca havia experimentado tão diretamente. A líder, a pedido da gerente da área, me informou que eu não poderia participar do happy hour. A justificativa? Eu não tinha o perfil adequado para o evento.

Aquela frase atingiu como um soco no estômago. Todo o orgulho que senti com o reconhecimento dos stakeholders, todo o trabalho duro que havia sido elogiado, de repente, parecia insignificante diante daquela simples frase. Ali, pela primeira vez, senti o peso brutal do racismo corporativo. Saí daquela sala tentando entender o que havia acontecido, com a sensação de que, por mais competente que fosse, não fazia parte daquele espaço. Esse episódio me marcou de uma forma indescritível.

Emocionalmente, porque, a cada situação de racismo no ambiente de trabalho, vamos acumulando dores que acabam nos adoecendo. E, do outro lado, o inconformismo, a indignação com a ideia de que ainda há tantas barreiras que não têm nada a ver com competência, mas sim com uma percepção equivocada de que as regras precisam ser "relaxadas" para que possamos ser aceitos, quando, na verdade, é o contrário. Sempre fui vista como a "intelectual do rolê", a "biblioteca ambulante", mas, paradoxalmente, não era considerada adequada para certos espaços.

Esse episódio me ensinou que, mesmo quando somos muitíssimo competentes, o racismo pode nos barrar em momentos decisivos. E é por isso que eu, como mulher negra, nunca vou desistir de lutar por um Brasil onde toda a população tenha seu lugar de direito, em todos os espaços, e onde nenhuma de nós tenha que carregar o peso da exclusão velada, como carreguei naquele dia.

CAPÍTULO 3

DIVERSIDADE E NEGÓCIOS

"Não é a diferença que nos imobiliza, mas o silêncio. E há muitos silêncios a serem rompidos."
— Audre Lorde

Pare para analisar o cenário corporativo contemporâneo. Você pode fazer isso por meio de uma pesquisa rápida, lendo notícias que tracem um pouco do panorama das principais empresas e do impacto que elas têm na sociedade em que estão inseridas. Isso porque uma coisa não se separa da outra. Quando, no ano de 2018, ocorreu o primeiro desfile da marca de lingerie da cantora Rihanna, a Savage X Fenty, durante o desfile da semana de moda de Nova York, o cenário da moda sofreu um impacto enorme.

As pessoas não estavam acostumadas a ver corpos diversos nos desfiles. O padrão era os desfiles da famosa Victoria's Secret. Só que Rihanna soube usar sua marca para passar uma mensagem que instigou a mudança. Passamos a ver mais pessoas negras, mais pessoas gordas em anúncios de outras marcas. Em 2019, a Victoria's Secret cancelou o desfile tradicional após uma queda significativa na audiência. Temos aí um exemplo de uma empresa que soube analisar a sociedade em que estava inserida e promover a diversidade enquanto aumentava os lucros.

É muito comum, quando se fala de diversidade, que donos de empresas fiquem receosos, acreditando que pautas como essa podem afetar a lucratividade da empresa. Pois pergunte para Rihanna, com sua marca avaliada em aproximadamente US$270 milhões, se promover a diversidade a atrapalhou de alguma forma. Mas, ainda trazendo o exemplo da marca, é importante ressaltar que a diversidade que se viu nas passarelas também é refletida dentro da própria empresa. Vídeos de bastidores mostram que as empresas de Rihanna contam com pessoas de diferentes grupos raciais, religiosos e sociais trabalhando em harmonia.

E não é só isso. Estudos e relatórios apontam que empresas com maior diversidade tendem a apresentar um desempenho financeiro melhor. Mas, então, por que há tanta relutância em incluir a diversidade nos negócios?

O ÓBVIO QUE PRECISA SER DITO

Antes de mais nada, precisamos compreender que, quando empresas operam seguindo padrões que podem resultar em favorecimento a determinados grupos sociais, elas estão reproduzindo um comportamento que é típico da sociedade a qual pertencem. Lembra que mencionei que não dá para dissociar uma coisa da outra? O racismo não é uma criação isolada da instituição, e sim algo que é absorvido e reproduzido a partir do tecido social em que ela está inserida. Assim, essas organizações funcionam como reflexo das desigualdades e preconceitos da sociedade, perpetuando-os de forma sistemática.

É muito importante ressaltar que a estrutura social não é monolítica, mas sim composta por uma diversidade de conflitos e tensões – sejam eles de classe, raça, gênero ou sexualidade. Esses conflitos moldam o funcionamento das instituições, que podem, por vezes, atuar de forma contraditória.

Por exemplo, enquanto algumas práticas institucionais reforçam o racismo, outras podem promover a igualdade racial. Isso acontece porque empresas estão inseridas em um contexto mais amplo de disputas e dinâmicas de poder, o que as torna, em certo sentido, campos de batalha nos quais diferentes interesses sociais se confrontam.

Assim, ao mesmo tempo que podem reproduzir desigualdades, as instituições também têm o potencial de serem agentes de transformação, dependendo de como esses conflitos são negociados e quais vozes conseguem prevalecer em seu interior.

Em uma sociedade na qual o racismo está presente em muitos aspectos da vida cotidiana, as instituições que não enfrentam essa questão de forma ativa e intencional acabam, mesmo que indiretamente, perpetuando práticas racistas que já foram normalizadas. O que, para muitos, pode parecer "normal" ou "neutro" é, na verdade, a manutenção de uma estrutura de privilégios que beneficia certos grupos raciais em detrimento de outros.

MUDAR É PRECISO, E LOGO

Uma empresa que busca de fato incorporar a diversidade em sua estrutura precisa, em primeiro lugar, reconhecer a urgência dessa mudança, que não pode ser vista como um conceito abstrato ou como uma meta distante. Ela precisa ser encarada como uma ação concreta e contínua, que desafia as normas estabelecidas e rompe com padrões que perpetuam a exclusão e o preconceito. Somente com a disposição de mudar, as instituições podem se transformar em ferramentas poderosas para combater as desigualdades sociais e construir um futuro mais igualitário.

E sem ações concretas para mudar essa realidade, qualquer instituição, por mais bem-intencionada que seja, se torna um canal de transmissão de privilégios e desigualdades, não apenas racistas, mas também sexistas e de outras formas de opressão. Isso ocorre porque, ao não desafiar de forma ativa essas práticas, as instituições acabam reforçando o status quo.

Portanto, se o racismo faz parte da ordem social em que vivemos, a única maneira eficaz de combatê-lo dentro das instituições é por meio da adoção de práticas que sejam, de fato, *antirracistas*. Isso significa ir além de só reconhecer o problema: é necessário implementar ações que desafiem as estruturas racistas, promovendo a igualdade e criando um ambiente verdadeiramente inclusivo e justo. Sem essas práticas, a instituição continuará, mesmo sem querer, sendo um reflexo das desigualdades da sociedade.

A partir de 2024, algumas empresas globais reduziram investimentos em DEI, associando a iniciativas de diversidade a "políticas identitárias". Por isso, mais do que nunca, nosso movimento exige vigilância contínua para evitar retrocessos.

O EXEMPLO DA APPLE

É responsabilidade de uma instituição que de fato se preocupa com a questão racial tomar medidas concretas para enfrentar o racismo de forma eficaz e transformadora. Isso começa com a adoção de políticas internas que promovam a igualdade e a diversidade, tanto nas relações internas quanto no contato com o público externo. Um exemplo claro disso é a necessidade de rever a publicidade e a comunicação da instituição, garantindo que ela seja inclusiva e que não reproduza estereótipos nem invisibilize grupos minoritários.

Além disso, é fundamental remover os obstáculos que impedem a ascensão de grupos sub-representados em posições de liderança e prestígio dentro da organização. Esses obstáculos podem ser explícitos, como a falta de políticas de promoção inclusivas, ou sutis, como a ausência de mentores ou programas de desenvolvimento para grupos historicamente sub-representados.

A diversidade não pode se limitar à base da pirâmide hierárquica; ela precisa estar presente nos cargos de decisão para que haja uma verdadeira mudança na forma que a instituição opera, influenciando diretamente políticas, cultura e práticas. Um exemplo claro disso pode ser visto em grandes empresas de tecnologia que, embora tenham feito progressos significativos na contratação de profissionais de diversas origens étnicas, ainda enfrentam desafios para colocar essas pessoas em posições de liderança.

A Apple é hoje um dos exemplos mais consistentes de compromisso com a diversidade, equidade e inclusão no ambiente corporativo. Internamente, mantém mais de 67 grupos de afinidade chamados Diversity Network Associations (DNAs), com mais de 59 mil membros globalmente, promovendo espaços de escuta, pertencimento e conexão entre colaboradores. A empresa integrou os princípios de DEI no desenvolvimento de seus produtos, por meio da iniciativa Inclusive Products, e oferece formações específicas como o curso "Technology for All of Us", oferecido pela Apple University, que utiliza estudos de caso para ensinar como considerar a diversidade e a inclusão no desenvolvimento de produtos e serviços, mostrando como a diversidade influencia a inovação. Além disso, a Apple lidera programas de mentoria e desenvolvimento de lideranças diversas, fortalecendo a representatividade em cargos estratégicos.

Em fevereiro de 2025, os acionistas da Apple rejeitaram uma proposta para encerrar os programas de DEI da empresa, reafirmando o compromisso contínuo com a inclusão e a diversidade no ambiente corporativo. O CEO Tim Cook enfatizou que a Apple continuará priorizando a dignidade e o respeito por todos os indivíduos, mantendo a DEI como um valor central da empresa. Essa decisão dos acionistas da Apple contrasta com movimentos de outras grandes empresas que, sob pressões políticas e legais, optaram por reduzir ou eliminar seus programas de DEI. A postura da Apple reforça seu compromisso contínuo com a promoção de um ambiente de trabalho inclusivo e diversificado. E mais que isso: demonstra como as decisões da alta liderança são essenciais para a manutenção dessa agenda.

O QUE FAZER PARA MUDAR

Após ter lido esse exemplo, pode ser que você esteja se perguntando quais mudanças pode começar a promover na sua organização para que ela seja uma empresa antirracista. É essencial a criação de espaços permanentes para o debate sobre questões raciais e de gênero, com a possibilidade de revisar práticas institucionais que se mostrem inadequadas ou excludentes.

A explicação para isso é simples: esses espaços de diálogo são vitais para que a instituição não apenas ouça as vozes de seus membros, mas também para que tenha a flexibilidade de adaptar as políticas conforme necessário. Além disso, deve-se promover o acolhimento e a resolução de conflitos relacionados a questões raciais e de gênero. Esses conflitos, muitas vezes invisibilizados ou ignorados, precisam ser enfrentados com seriedade, garantindo que a instituição esteja comprometida em construir um ambiente seguro e equitativo para todos.

Mas só isso não basta. É importante entender que o racismo não se limita à representatividade. Embora a presença de pessoas negras e de outros grupos sub-representados em espaços de poder e decisão seja crucial, isso, por si só, não é suficiente para garantir que uma instituição deixará de agir de forma racista. Isso ocorre porque a ação dos indivíduos, mesmo aqueles em cargos de liderança, é orientada pelas regras e estruturas da própria instituição.

Assim, sem uma mudança profunda nas políticas e na cultura institucional, a presença de pessoas de grupos sub-representados em posições de destaque pode se tornar simbólica, sem que haja uma verdadeira transformação no combate ao racismo. Portanto, a mudança efetiva exige mais do que a simples inclusão de pessoas de diferentes origens, ela requer um comprometimento contínuo com a revisão das estruturas e das práticas que perpetuam a exclusão e a desigualdade. Somente assim as instituições poderão deixar de ser reflexos das desigualdades sociais e se transformar em agentes de transformação e justiça racial.

COMO PERCEBER A EXCLUSÃO

A percepção de inclusão e exclusão dentro das empresas é complexa e pode se manifestar de diferentes maneiras, impactando tanto o ambiente interno quanto as relações externas. Por exemplo, a ausência de políticas eficazes para promover a diversidade e a igualdade de oportunidades, como acontece em algumas empresas brasileiras que ainda não priorizam ações afirmativas, pode perpetuar a exclusão de grupos minoritários.

Isso foi evidente em casos de empresas que, apesar de reconhecerem a importância da diversidade, não implementaram políticas estruturadas para inclusão. A Magazine Luiza se destacou, em 2020, ao implementar um programa de trainee exclusivo para pessoas negras, enfrentando diretamente as disparidades raciais no ambiente corporativo e criando oportunidades reais de ascensão para esse grupo sub-representado. Essa iniciativa foi um marco no Brasil, mostrando que ações afirmativas são essenciais para corrigir desigualdades históricas e promover uma inclusão efetiva.[1]

1 PROGRAMA de trainee para negros do Magazine Luiza cumpre papel consti-

Nos atos de gestão e compliance, a falta de medidas claras para combater o racismo e o machismo pode contribuir para um ambiente tóxico e discriminatório. Empresas que não aplicam políticas de tolerância zero contra práticas preconceituosas acabam permitindo que atitudes racistas e sexistas sejam perpetuadas. Além disso, na comunicação interna, a reprodução de estereótipos e preconceitos, seja em manuais, campanhas ou até mesmo em interações cotidianas, pode minar a sensação de pertencimento de funcionários racializados, criando barreiras invisíveis ao sucesso profissional.

Na gestão de pessoas, processos de recrutamento, seleção e promoção tendenciosos são outra fonte significativa de exclusão. Se os critérios de seleção forem baseados em preconceitos inconscientes ou padrões homogêneos de sucesso, as chances de ascensão para pessoas de grupos sub-representados diminuem drasticamente. Um exemplo disso são os baixos índices de diversidade racial nos cargos de liderança em muitas grandes empresas no Brasil, que refletem práticas de promoção que favorecem perfis semelhantes aos de líderes já estabelecidos, em sua maioria brancos e masculinos.

Além disso, pesquisas internas que não contemplam a diversidade e a inclusão acabam negligenciando as necessidades e percepções de grupos marginalizados. Essas pesquisas, se não forem bem desenhadas, podem falhar em capturar as experiências de exclusão e preconceito vividas por grupos

---

tucional, dizem advogados. *G1*, [S. l.], 21 set. 2020. Disponível em: https://g1.globo.com/economia/concursos-e-emprego/noticia/2020/09/21/programa-de-trainee-para-negros-do-magazine-luiza-cumpre-papel-constitucional-dizem-advogados.ghtml. Acesso em: 12 mar. 2025.

sub-representados dentro das empresas, levando a uma visão distorcida do ambiente corporativo. O letramento político, a representação e os benefícios oferecidos pela empresa, como programas de bem-estar ou de desenvolvimento profissional, muitas vezes são distribuídos de forma desigual, favorecendo determinados grupos em detrimento de outros.

E é claro que a cultura organizacional também desempenha um papel crucial. Quando as empresas reforçam estereótipos sobre a capacidade ou competência dos funcionários com base em raça ou gênero, perpetuam ideias preconcebidas que limitam o potencial de inovação e inclusão. Essa é uma questão enfrentada por diversas empresas no Brasil, onde a desconstrução de uma cultura empresarial enraizada em preconceitos é um desafio constante. Exemplos como o da Magazine Luiza mostram que é possível fazer diferente quando há um compromisso genuíno com a diversidade e a equidade.

O RACISMO DENTRO DAS EMPRESAS

A ausência de pessoas negras em cargos de liderança nas empresas é como aquele *elefante na sala* do qual ninguém quer falar, mas que, ainda assim, continua ali ocupando um espaço enorme. Homens brancos continuam tendo acesso mais fácil a posições de poder, como chefias e coordenações, enquanto pessoas negras enfrentam um verdadeiro labirinto de barreiras sistêmicas para avançar na carreira. Esse cenário não é apenas sobre racismo, mas também sobre machismo – eles andam de mãos dadas, mantendo um ciclo de exclusão e marginalização.

Imagine só: você está em um grupo focal discutindo questões raciais na empresa. E aí, de repente, surgem relatos de comunicações racistas que se manifestam em situações cotidianas, como no contato com funcionários terceirizados, nos almoços no restaurante da empresa, ou até em conversas aparentemente inofensivas durante o café. Esse tipo de comunicação racista, que se infiltra no dia a dia, mostra o quanto as práticas discriminatórias estão enraizadas, tanto dentro quanto fora do ambiente corporativo. E é exatamente essa reiteração constante de racismo que acende o alerta para a urgência de ações mais firmes, como a implementação de políticas afirmativas e práticas antirracistas, para que haja de fato inclusão e equidade no ambiente de trabalho.

Quando olhamos para a governança corporativa em grandes empresas, sobretudo aquelas de capital aberto, a história fica ainda mais interessante – e preocupante. Esses gigantes corporativos são dirigidos por órgãos de gestão, como diretorias e conselhos de administração, que são responsáveis por tomar as decisões estratégicas mais importantes. Exceto, é claro, nas raras situações em que a coisa fica tão séria que precisa ir para a assembleia geral.

A lei brasileira, mais especificamente o artigo 138 da Lei 6.404/1976, define claramente quais são as responsabilidades desses órgãos. E adivinha quem geralmente está sentado nesses conselhos e diretorias? Sim, aquele perfil típico: homens brancos, de classes socioeconômicas privilegiadas, com formações educacionais impecáveis e, na maioria das vezes, de uma idade bem parecida. É quase como se existisse uma "fórmula secreta" de liderança que acaba ignorando toda a diversidade de ideias e experiências que poderia fazer a empresa crescer de forma mais inovadora e justa.

Essa homogeneidade reflete, em muitos casos, as preferências dos acionistas majoritários, que, claro, tendem a escolher líderes que se pareçam com eles – e isso perpetua o ciclo de exclusão de grupos minorizados.

No final das contas, promover diversidade não é apenas uma questão de justiça social, é também uma estratégia de inovação e competitividade, como veremos a seguir.

DIVERSIDADE É ESTRATÉGIA DE NEGÓCIOS

Pode ser que você ainda esteja se perguntando por que sua empresa precisa ser diversa. Para além do óbvio aspecto social, existe um forte argumento estratégico: uma cultura de diversidade e inclusão gera inovação e traz novas ideias para a organização.

Se todos em uma sala pensam de forma semelhante, compartilham modelos mentais homogêneos e têm bagagens e experiências parecidas, fica mais difícil trazer novos pontos de vista para as estratégias empresariais. Quando integramos a diversidade, enriquecemos as perspectivas, os pontos de vista e as possibilidades em uma empresa, criando um ambiente propício para a inovação e para o desenvolvimento de soluções mais criativas e eficazes.

O resumo da ópera é que quando todos na sala pensam igual, o máximo que você vai conseguir é mais do mesmo. Mas quando você traz pessoas com diferentes experiências, perspectivas e histórias, aí sim você tem a chance de transformar a empresa em algo de fato inovador e dinâmico!

Após compreender a função das instituições como reprodutoras do racismo estrutural, é essencial explorar os marcadores sociais de diferença e como eles moldam as dinâmicas empresariais modernas. Os marcadores sociais, como raça, gênero, classe social, orientação sexual e deficiência, não apenas influenciam as experiências individuais, mas também afetam profundamente as interações sociais e a organização das empresas.

No contexto do racismo institucional, esses marcadores se entrelaçam, amplificando as desigualdades sistêmicas que já estão presentes. Um exemplo disso pode ser observado na interseccionalidade entre raça e gênero: mulheres negras enfrentam barreiras duplas, pois lidam com o preconceito racial e o sexismo em simultâneo. No ambiente corporativo, isso pode significar uma menor representação em cargos de liderança e salários mais baixos em comparação com homens brancos ou até mesmo mulheres brancas.

Essa realidade é evidente em diversas empresas, como na indústria de tecnologia, em que, apesar de esforços por maior diversidade, as mulheres negras ainda são sub-representadas em posições estratégicas. Assim, entender e abordar esses marcadores é fundamental para promover uma mudança real nas instituições e combater o racismo de maneira eficaz.

O TOKENISMO

Algumas ações tomadas por empresas em prol da diversidade não geram impacto real e acabam sendo meramente simbólicas. Esse fenômeno, conhecido como *tokenismo*, refere-se à inclusão de indivíduos de grupos sub-representados de maneira superficial, sem promover mudanças estruturais ou garantir que esses indivíduos possam exercer influência significativa.

A crítica ao tokenismo remete a Martin Luther King Jr., que observou, durante o movimento pelos direitos civis nos Estados Unidos, que medidas de inclusão racial simbólicas não apenas falham em promover igualdade, mas também reforçam a discriminação, em especial quando a pessoa não se encaixa no estereótipo esperado.

Nas corporações, o tokenismo é exemplificado quando a diversidade é tratada como um esforço para "mostrar" diversidade sem realmente integrar essas vozes na tomada de decisões ou nas práticas organizacionais. Empresas que se limitam a contratar uma ou duas pessoas de grupos minoritários para posições de visibilidade, sem lhes dar a oportunidade de influenciar mudanças, acabam não só reforçando o status quo como ainda comprometem o desempenho da organização.

Como vimos, a diversidade real, quando bem implementada, traz inúmeros benefícios: melhora a tomada de decisões, promove inovação, fortalece a reputação da empresa e oferece vantagem competitiva no mercado.

A diversidade tokenizada, entretanto, como contratar uma pessoa negra para um cargo de liderança apenas para atender a demandas externas de inclusão, sem dar a essa pessoa autonomia ou recursos para implementar mudanças, é uma prática insuficiente. A verdadeira diversidade precisa ir além da presença simbólica. Requer representatividade significativa em todos os níveis hierárquicos e, sobretudo, o reconhecimento das contribuições dessas lideranças. Quando líderes diversificados são empoderados para influenciar a cultura e as estratégias da empresa, suas diferentes perspectivas agregam valor, promovendo soluções mais criativas e alinhadas às demandas de um mercado cada vez mais plural.

Assim, para que as iniciativas de diversidade não caiam no tokenismo, é fundamental que as empresas não só invistam em processos inclusivos, mas também garantam que os profissionais de grupos minoritários tenham espaço para crescer, opinar e transformar as dinâmicas organizacionais. Afinal, a diversidade autêntica não se resume à aparência, ela precisa estar enraizada nas práticas e políticas que moldam o ambiente de trabalho.

ENTENDENDO O CONTEXTO SOCIAL

Para tratar a inclusão e a diversidade de forma eficaz, é essencial ir além de abordagens superficiais que muitas vezes ignoram a complexidade dos problemas sociais. A diversidade não deve ser romantizada ou vista como uma solução rápida, em especial sem levar em conta fatores como marginalização, pobreza e criminalidade, que afetam diretamente a inserção de certos grupos no mercado de trabalho. Em vez disso, é necessário desenvolver uma compreensão profunda desses contextos, reconhecendo que o caminho para a inclusão é cheio de desafios e exige esforço contínuo.

Os investimentos em diversidade devem ser bem planejados e executados com paciência, sabendo que os resultados não surgirão de forma imediata. Em muitos casos, os impactos positivos podem levar tempo para se concretizar e podem não se refletir de imediato em métricas tradicionais de desempenho, como aumento de lucro ou eficiência. No entanto, uma estratégia de negócios que integre a diversidade de maneira genuína enriquece a empresa em diversos aspectos, como a melhoria na tomada de decisões e a promoção de inovação, uma vez que uma variedade de perspectivas é considerada.

Além disso, promover a diversidade não apenas fortalece a reputação da empresa no mercado, mas também pode gerar uma vantagem competitiva a longo prazo. Empresas que adotam práticas inclusivas e promovem a diversidade na alta administração se destacam, não apenas por uma questão ética, mas porque isso pode levar a um desempenho superior e mais sustentável. Assim, a diversidade deve ser vista não apenas como um imperativo moral, mas como uma estratégia inteligente que beneficia a empresa de maneira ampla e duradoura.

MAIS EXEMPLOS REAIS

Vamos explorar alguns exemplos práticos de como a diversidade, quando genuinamente integrada nas estratégias empresariais, pode gerar resultados significativos. Equipes diversificadas têm mostrado, repetidamente, a capacidade de aumentar a lucratividade dos negócios, promovendo inovação, criatividade e um entendimento mais profundo do mercado.

A inclusão de diferentes perspectivas raciais e étnicas em uma equipe enriquece o ambiente de trabalho e oferece insights valiosos, que podem levar a melhores decisões, produtos mais inovadores e um conhecimento mais profundo das necessidades de um público diversificado. Um exemplo claro disso é o da McKinsey & Company, uma consultoria global que publicou vários estudos demonstrando a correlação entre diversidade e desempenho financeiro. Em um de seus relatórios, a McKinsey descobriu que empresas com maior diversidade racial e étnica em suas equipes de liderança têm 35% mais chances de ter retornos financeiros acima da média em comparação com outras empresas do setor. Esse impacto é atribuído à habilidade dessas equipes de acessar novos mercados e se conectar com uma base de consumidores mais ampla.

Outro exemplo notável é o da Intel, gigante da tecnologia, que se comprometeu a alcançar a total representação de mulheres e pessoas sub-representadas em sua força de trabalho até 2021.[2] A empresa investiu US$ 300 milhões para promover a diversidade, tanto internamente quanto no setor de tecnologia como um todo. Esses esforços resultaram em uma equipe mais diversa e criativa, permitindo à Intel desenvolver produtos que atendem melhor a um público global, ampliando a competitividade e lucratividade.

---

2 INTEL quer dobrar número de mulheres e minorias em cargos de liderança no setor de tecnologia. *Eixos*, [S. l.], [2021]. Disponível em: https://eixos.com.br/energia/intel-quer-dobrar-numero-de-mulheres-e-minorias-em-cargos-de-lideranca-no-setor-de-tecnologia/. Acesso em: 12 mar. 2025.

A Coca-Cola também se destaca como um exemplo de sucesso na adoção de estratégias de diversidade e inclusão que refletem a amplitude de seu mercado global. A empresa se empenha em criar uma força de trabalho tão diversa quanto seus consumidores, implementando programas que promovem o desenvolvimento de liderança para minorizados e asseguram a inclusão em todos os níveis da organização.

Essas iniciativas, que visam a fortalecer a representatividade dentro da empresa, têm permitido à Coca-Cola entender melhor as necessidades e preferências dos clientes, resultando em campanhas de marketing mais eficazes e no lançamento de produtos inovadores. O compromisso com a diversidade tem sido um fator chave no crescimento e na lucratividade da empresa ao possibilitar que ela se conecte com um público diversificado de forma mais autêntica e personalizada.

Esses exemplos reforçam a importância de tratar a diversidade não apenas como um valor ético, mas como uma peça central na estratégia de negócios. Assim como a McKinsey, que utiliza os estudos e insights para orientar empresas sobre como a diversidade pode ser um motor de crescimento financeiro, a Intel mostra que investir em uma força de trabalho diversificada promove inovação e competitividade no mercado. Da mesma forma, a Coca-Cola evidencia que uma equipe representativa a ajuda a entender melhor os consumidores e a criar produtos e campanhas mais eficazes, o que impacta diretamente o sucesso no mercado.

Cada uma dessas empresas demonstra que a diversidade racial e étnica nas equipes é fundamental para um desempenho superior. Empresas que adotam essa visão não estão apenas criando um ambiente de trabalho mais inclusivo como também posicionando-se para alcançar maior rentabilidade. As lições que tiramos dessas empresas pioneiras mostram que a diversidade vai muito além de responsabilidade social corporativa. Ela é um componente estratégico indispensável, capaz de gerar vantagens competitivas significativas e impulsionar o sucesso financeiro a longo prazo.

COLOCANDO A MÃO NA MASSA

A diversidade não é um projeto isolado, mas um ecossistema de ações interligadas. E incorporar a diversidade à estratégia central não só promove um ambiente mais inclusivo, mas também impulsiona a inovação, a criatividade e o desempenho organizacional. Destaco a seguir 15 iniciativas práticas que podem ser adaptadas e aplicadas no seu contexto empresarial, com exemplos concretos de como algumas empresas ao redor do mundo aplicam tais práticas.

- **1. Pesquisas de diversidade anônimas:** realize pesquisas periódicas e anônimas para entender a composição de sua equipe em termos de etnia, gênero, orientação sexual e outras características. Isso ajuda a mapear a diversidade existente e medir a eficácia de suas ações. O Nubank realiza pesquisas anuais anônimas e os resultados são publicados em relatórios de ESG.

- **2. Painéis de discussão multimodais:** organize fóruns e painéis com funcionários de diversos grupos para compartilhar suas experiências. A Natura possui fóruns mensais com lideranças indígenas, quilombolas e LGBTQIA+ para debater inclusão na cadeia de suprimentos. As discussões influenciam desde a formulação de produtos até políticas de contratação.

- **3. Revisão dos processos de recrutamento:** para minimizar o viés no recrutamento, a americana Etsy usa um algoritmo antiviés para priorizar lojas de empreendedores negros, LGBTQIA+ e imigrantes em suas buscas. Nomes e localizações são ocultados para evitar discriminação. O processo aumentou significantemente as vendas em lojas de pessoas negras.

- **4. Programas de mentoria e patrocínio:** crie programas de mentoria voltados para o desenvolvimento de talentos sub-representados. O Magazine Luiza criou um plano de carreira acelerado para trainees negros, com mentoria de executivos seniores, resultando em 90% de promoções em 2023.

- **5. Capacitação contínua:** ofereça treinamentos regulares sobre diversidade, inclusão e viés inconsciente para toda a equipe. A L'Oréal inclui treinamentos obrigatórios sobre viés inconsciente e interseccionalidade.

- **6. Flexibilização das políticas de trabalho:** implemente políticas que permitam trabalho remoto e horários flexíveis para acomodar diferentes necessidades. A Patagonia, por exemplo, oferece 16 semanas de licença parental para todos os gêneros, incluindo pais adotivos. A IKEA oferece horários flexíveis para mães solo e cuidadores de idosos, resultando na redução de 30% da rotatividade na empresa.

- ○ **7. Metas de diversidade na liderança:** inclua objetivos de diversidade nas metas de desempenho da liderança. A Adobe vinculou parte dos bônus executivos ao avanço de metas internas de diversidade, com o objetivo de alcançar 30% de líderes de grupos sub-representados até 2025.

- ○ **8. Desenvolvimento de projetos inclusivos:** envolva equipes diversas no processo de criação de produtos para garantir que atendam a uma gama de consumidores. Em 2022, a L'Oreal lançou a linha Beleza Plural, desenvolvida por uma equipe diversa e com representatividade negra.

- ○ **9. Apoio a fornecedores diversificados:** desenvolva programas para apoiar fornecedores de propriedade de minorizados. A Spotify elaborou o programa Sound Up, que prioriza produtoras de áudio lideradas por mulheres negras no Brasil. O programa já capacitou 50 criadoras de podcasts em 2023. A Ben & Jerry's criou o sorvete Justice ReMix'd em parceria com ex-presidiários, revertendo parte do lucro para organizações antirracistas.

- ○ **10. Monitoramento e avaliação constante:** estabeleça métricas claras para medir o progresso das iniciativas de diversidade e ajuste as estratégias conforme necessário. A Salesforce, por exemplo, possui relatórios trimestrais com métricas de diversidade por equipe, gênero, raça e cargo. Cada líder recebe um *scorecard* personalizado com metas e progresso.

○ **11. Grupos de afinidade:** incentive a criação de redes de funcionários com interesses ou identidades compartilhadas para fortalecer a cultura de apoio. A Apple possui diversos grupos como Black@ Apple e Indigenous@Apple, que promovem trocas culturais e mentoria para funcionários de grupos minorizados.

○ **12. Canais de orientação e denúncia para funcionários:** crie canais para que os funcionários possam dar feedback sobre diversidade e inclusão. O Mercado Livre mantém um canal de denúncias confidencial e disponível 24 horas por dia, permitindo que funcionários, fornecedores e terceiros relatem irregularidades de forma anônima, e reforça o compromisso da empresa com a diversidade e inclusão.

○ **13. Compromisso público com a diversidade:** declare publicamente seus compromissos e objetivos de diversidade, criando uma cultura de responsabilidade e transparência. O Mercado Livre, através do Relatório de Equidade Salarial, é uma das poucas empresas latino-americanas a publicar relatórios de equidade salarial com recorte racial, garantindo critérios não discriminatórios para promoções e bônus adicional.

○ **14. Promoção de líderes sub-representados:** estabeleça critérios claros e justos para a promoção, garantindo que talentos de grupos sub-representados sejam considerados para cargos de liderança. O Itaú possui o programa Líderes Negros do Amanhã com plano de carreira acelerado e meta de 30% dos gerentes gerais negros para 2025.

- ○ **15. Parcerias com organizações externas:** colabore com entidades que promovam a diversidade e inclusão para expandir o impacto das iniciativas. O Mercado Livre apoia Instituto Reciclar, que atua na formação profissional, social e pessoal de adolescentes em situação de vulnerabilidade em São Paulo, oferecendo suporte para a escolha profissional, desenvolvimento de competências socioemocionais e estímulo ao empreendedorismo.

Essas práticas mostram que diversidade e inclusão não são apenas valores morais, mas estratégias fundamentais para impulsionar inovação, melhorar o desempenho e garantir a sustentabilidade do negócio. Ao adotar essas ações, as empresas podem transformar a cultura organizacional e alcançar um sucesso competitivo de longo prazo.

Este enfoque estratégico é reforçado por diversos indicadores-chave que medem o impacto direto da diversidade nas organizações, abrangendo desde a reputação da marca até as expectativas de investidores, passando por critérios ESG (sigla em inglês para Ambiental, Social e Governança), atração e retenção de talentos, e as preferências de clientes e consumidores. Vamos falar um pouco mais a respeito disso.

Tratar a diversidade como uma estratégia de negócios sólida oferece às empresas um caminho robusto para alcançar não apenas a excelência e a inovação, mas também a sustentabilidade e a responsabilidade social.

REPUTAÇÃO DA MARCA

A diversidade e a inclusão têm um impacto significativo na reputação de marcas. Empresas que são vistas como inclusivas e que valorizam a diversidade nas equipes tendem a ser percebidas de forma mais positiva pelo público. Essa percepção positiva pode aumentar a fidelidade do cliente e atrair uma base de consumidores mais ampla, dado que os clientes têm preferido cada vez mais apoiar empresas que refletem seus valores e a diversidade da sociedade em geral.

INVESTIDORES

O interesse dos investidores em práticas de diversidade e inclusão tem crescido exponencialmente, com muitos avaliando o compromisso de uma empresa com esses princípios como um indicador de saúde e estabilidade a longo prazo. Investidores estão cada vez mais atentos aos riscos e às oportunidades relacionados a questões sociais, considerando a diversidade um fator crucial para o desempenho financeiro sustentável. Empresas que demonstram uma forte cultura de diversidade são, portanto, mais atraentes para investidores conscientes que buscam portfólios responsáveis e éticos.

ESG

Os critérios ESG têm se tornado um ponto de referência para avaliar o desempenho das empresas não apenas em termos financeiros, mas também em impacto ambiental, social e de governança. A diversidade e a inclusão são componentes essenciais do pilar Social de ESG, sendo que empresas com boas práticas nessa área tendem a pontuar mais alto em avaliações de ESG. Isso não apenas melhora a imagem da empresa como também pode resultar em melhores condições de financiamento, dada a crescente popularidade dos investimentos sustentáveis.

MARCA EMPREGADORA

Uma estratégia eficaz de diversidade também fortalece a marca empregadora de uma companhia, tornando-a mais atraente para talentos de diferentes backgrounds. Organizações vistas como inclusivas e diversas são mais propensas a atrair e reter talentos de alta qualidade, que buscam ambientes de trabalho em que possam se sentir valorizados e onde haja igualdade de oportunidades. Além disso, equipes diversas tendem a ser mais inovadoras e criativas, contribuindo para o sucesso e crescimento da empresa.

CLIENTES E CONSUMIDORES

Por fim, a diversidade influencia diretamente as relações com clientes e consumidores. Empresas que refletem a diversidade dos consumidores nas próprias equipes e estratégias de negócios estão mais bem posicionadas para entender e atender às necessidades de um mercado cada vez mais globalizado e variado. Isso não apenas melhora a satisfação do cliente como abre portas para novos mercados e segmentos de consumidores, impulsionando o crescimento das vendas e a expansão do negócio.

Ao integrar a diversidade em suas operações diárias, na definição da cultura organizacional e nas estratégias de marca, as empresas podem melhorar significativamente sua reputação no mercado, a atração de investimentos e o cumprimento de critérios ESG. Além disso, a diversidade tem o poder de tornar as empresas mais atraentes para talentos de diversas origens enquanto fortalece o relacionamento com clientes e consumidores que valorizam marcas inclusivas e responsáveis.

A inclusão de perspectivas variadas em todos os níveis da organização não só enriquece a cultura interna como também cria um círculo virtuoso de inovação, uma vez que equipes diversas trazem diferentes soluções para problemas complexos. Empresas que adotam essa abordagem têm a oportunidade de pavimentar o caminho para um sucesso duradouro, melhorando a competitividade e garantindo um impacto social positivo.

No próximo capítulo, vamos aprofundar ainda mais essa discussão ao destrinchar o papel crucial da liderança inclusiva. Vamos entender como líderes que promovem a inclusão podem não apenas transformar o ambiente de trabalho, mas também garantir que a diversidade esteja enraizada nas decisões estratégicas da empresa.

VOZES DA REALIDADE: **RELATOS QUE MARCAM**

Alguns dias atrás, Maria me fez uma pergunta que me pegou de surpresa:

— Quando você se deu conta de que era negra no mundo corporativo?

Essa pergunta me fez refletir bastante, pois quando se é uma mulher negra lutando diariamente para alcançar os objetivos profissionais, você acaba aprendendo a abstrair certas situações. A cada degrau que você tenta subir, precisa ignorar o desconforto, porque o foco está no próximo nível a ser conquistado. O problema é que, muitas vezes, esse tal "próximo nível" não está disponível para nós. Acabamos presas em um ciclo interminável, limitadas pelos espaços que nos são "permitidos".

Desde que entrei no ambiente corporativo, nunca gostei da ideia de precisar de "permissão" para ocupar meu lugar. Sempre me desafiei a estar em funções nas quais sentia que poderia crescer. No entanto, a primeira vez que de fato percebi as barreiras por ser uma mulher negra foi quando comecei a me posicionar contra certos comportamentos abusivos. Foi aí que os feedbacks negativos começaram a surgir, e o adjetivo "agressiva" passou a me acompanhar.

É irônico, não? Desempenho as mesmas funções e me expresso da mesma forma que meus colegas brancos, mas, de repente, sou vista como "agressiva". Quando você se recusa a ir além de suas funções sem o devido reconhecimento, você é "agressiva". Quando você é sobrecarregada com trabalho sob o pretexto de que é para o seu "desafio profissional", enquanto seus colegas com a mesma função e senioridade recebem bem mais, e, se você se posiciona, se torna, novamente, "agressiva". Ou, por exemplo, quando lhe pedem para treinar um estagiário – que, por coincidência, é filho do CEO – e, logo depois, ele é promovido a um cargo superior ao seu, que você tem desempenhado com dedicação há anos... se você se posiciona, claro, você é "agressiva".

Esses exemplos podem parecer pequenos para alguns, mas, para nós, profissionais negros, são as pequenas injustiças do dia a dia que nos mostram o quanto ainda temos que lutar para sermos reconhecidos como deveríamos. Ao falar disso com meus irmãos mais novos, sempre lembro de uma reflexão que Michelle Obama faz no livro *Minha história*, quando menciona que Barack Obama costumava perguntar aos paroquianos de Roseland: "Devemos nos conformar com o mundo do jeito que ele é, ou trabalhar por um mundo como ele deveria ser?".

Essa é a pergunta que me faço todos os dias. Sei que mudanças estruturais, em especial as mais profundas, não acontecem de uma hora para outra. Mas, se eu puder trabalhar um pouco mais para transformar o ambiente corporativo em algo mais inclusivo, no qual nós sejamos verdadeiramente reconhecidos e representados, já sentirei que fiz a diferença.

CAPÍTULO 4

LIDERANÇA INCLUSIVA

"Quem pode falar? O que podemos falar?
E o que acontece quando falamos?"
— Grada Kilomba, *Memórias da Plantação*

Quando pensamos em liderança inclusiva, muitas vezes nossa imaginação se prende a algo mais simples, como garantir que pessoas de diferentes origens façam parte da equipe ou que diferentes vozes estejam representadas em uma mesa de reuniões. E é claro que tudo isso é importante. À primeira vista, pode até parecer que é o suficiente, afinal de contas, estamos contando com a diversidade na mesa, certo?

No entanto, como veremos ao longo deste capítulo, a liderança inclusiva vai muito além de números ou da presença física de pessoas de grupos diversos. Não é uma questão de quantidade, mas de qualidade, de como essas pessoas são ouvidas, valorizadas e apoiadas no ambiente em que estão inseridas.

Podemos pensar na liderança inclusiva como uma orquestra. Não basta apenas garantir que músicos com diferentes tipos de instrumentos estejam no palco – a verdadeira música acontece quando todos os instrumentos são afinados e tocados com harmonia. Se algumas vozes não são ouvidas ou valorizadas, o som não será completo, por mais que a diversidade de instrumentos esteja presente.

Da mesma forma, a inclusão real nas lideranças significa criar espaços nos quais todas as pessoas possam contribuir com suas perspectivas e talentos, sendo parte ativa na construção dos resultados e do sucesso.

DEBATENDO O CONCEITO DE LIDERANÇA INCLUSIVA

Muitas pessoas ainda acreditam que a liderança inclusiva é um conceito distante, mas a verdade é que começa em pequenas ações cotidianas. É o compromisso real com a criação de espaços nos quais cada pessoa, independentemente de origem, cor, gênero, ou capacidade, sinta-se segura, ouvida e respeitada. Mas o que, de fato, significa ser um líder inclusivo?

Recentemente, ao me deparar com um caso chocante de racismo que circulou bastante nas redes sociais, fiquei refletindo sobre o que eu, com o espaço de fala que tenho, poderia fazer para de fato contribuir com um futuro mais justo. Dediquei um tempo refletindo sobre o meu papel e sobre como poderia utilizar a minha voz para gerar um impacto de fato significativo, e não apenas esporádico.

A conclusão a que cheguei foi simples, porém impactante: desejo ser uma ponte. Uma ponte para a construção de ambientes seguros e acolhedores, nos quais a liderança não seja apenas simbólica, mas uma prática que realmente valorize todas as vozes. É a partir desse entendimento que a verdadeira liderança inclusiva começa a emergir.

REPRESENTATIVIDADE REAL

Uma liderança inclusiva não se contenta com a representatividade simbólica. Não se trata apenas de trazer pessoas de diferentes origens para a mesa, mas de garantir que todas as pessoas se sintam parte das decisões, que suas experiências sejam consideradas e que suas perspectivas possam influenciar de maneira significativa os rumos da organização. É um compromisso com a construção de ambientes nos quais as pessoas não apenas existam, mas prosperem e tenham condições de liderar, criando, assim, um ciclo contínuo de inclusão.

A liderança inclusiva começa, acima de tudo, com o reconhecimento da responsabilidade que cada um de nós possui. Isso com frequência implica enfrentar desconfortos e questionar as estruturas de poder que marginalizam determinados grupos. Essa responsabilidade transcende as boas intenções, exigindo ações práticas e contínuas para eliminar preconceitos, abrir oportunidades e criar ambientes nos quais todas as pessoas possam ser verdadeiramente quem são, sem temor de discriminação.

Refletindo sobre isso, compreendo que a liderança inclusiva envolve transformar os espaços que ocupamos todos os dias. É dar voz às gerações que antes foram silenciadas e criar oportunidades para que vozes historicamente marginalizadas sejam ouvidas sem distinção. Estamos falando de empresas que não apenas contratam pessoas de diferentes origens, mas também promovem de maneira ativa essas pessoas a posições de liderança, garantindo que suas perspectivas influenciem as decisões estratégicas da organização.

Uma liderança inclusiva vai além da estratégia, é fundamentada na empatia. Cria ambientes de pertencimento, nos quais todos se sentem parte de algo maior, contribuindo para um trabalho e um ambiente verdadeiramente transformadores. Isso significa estabelecer espaços nos quais grupos minorizados possam se expressar com liberdade e prosperar. Assim, a liderança inclusiva não só promove a diversidade como também assegura que cada indivíduo tenha a oportunidade de contribuir plenamente para o sucesso coletivo.

ENTENDENDO O CONCEITO

Para compreendermos de todo o que significa liderança inclusiva, é essencial primeiro analisar o significado da palavra "inclusão". Vamos explorar como a inclusão vai além de um conceito abstrato, impactando diretamente a maneira como tratamos, acolhemos e escutamos as pessoas em sua diversidade. Entender a verdadeira essência da inclusão nos permitirá aprofundar nossa discussão sobre liderança inclusiva e suas implicações práticas.

A palavra **inclusão** tem raízes no latim *inclusio*, derivado de *includere*, que significa "fechar", "conter" ou "envolver". Etimologicamente, essa origem nos remete à ideia de abraçar algo dentro de um todo, de não apenas adicionar elementos diversos, mas de envolver e de fato integrar cada indivíduo no contexto maior.

Essa compreensão etimológica enriquece nossa percepção sobre o que de fato significa inclusão. Não se trata apenas de reunir diferentes pessoas em um mesmo espaço, mas de criar um ambiente em que cada indivíduo se sinta parte essencial e valorizada do coletivo. Ao entender que inclusão é envolver de forma completa, reforçamos a necessidade de uma liderança que ativamente promova a integração e o pertencimento, garantindo que todas as vozes não apenas estejam presentes como também influenciem e moldem as decisões e a cultura organizacional.

Assim, a inclusão é como tratamos, acolhemos e escutamos as pessoas em sua pluralidade. Significa colocar em prática e transformar em ação a ideia de que toda pessoa importa, buscando soluções para que isso se concretize. Pensamentos, sentimentos, existências e perspectivas alheias são valorizados e respeitados, reconhecendo a riqueza que cada indivíduo traz para o coletivo.

TRAZER PARA PERTO, NÃO AFASTAR

É comum ouvir pessoas dizerem que incluir seria, de certa forma, limitar os parâmetros de uma empresa. **Mas incluir não é "baixar a régua"; é possibilitar acesso, alcance e autonomia para todas as pessoas, removendo as barreiras que impedem sua plena participação em algo coletivo.**

A inclusão também implica eliminar os filtros de preconceito e exclusão, muitas vezes disfarçados de pré-requisitos e competências desejáveis. Por exemplo, perguntas específicas sobre filhos durante entrevistas de emprego para mulheres, que não são feitas para homens, revelam uma forma sutil de discriminação. Outro exemplo é o requisito de inglês fluente, mesmo quando não é essencial para a função, sobretudo em um país onde menos de 5% da população fala inglês razoavelmente e apenas 1% é fluente. Além disso, o requisito de "boa aparência" com frequência mascara a exclusão de pessoas negras, gordas, com deficiência ou que não se enquadram em um padrão de beleza específico.

Esses exemplos ilustram como práticas aparentemente neutras podem perpetuar a exclusão e a desigualdade. A verdadeira inclusão requer uma análise crítica das políticas e procedimentos existentes, garantindo que não haja obstáculos invisíveis que impeçam a participação plena de todos os indivíduos. É um compromisso contínuo de criar ambientes nos quais cada pessoa possa ser autêntica, contribuindo de maneira significativa para o sucesso coletivo.

A liderança inclusiva, portanto, não se limita a promover a diversidade numérica, mas envolve a criação de espaços em que todas as vozes são ouvidas, respeitadas e valorizadas. É uma jornada de transformação que exige empenho, empatia e ação constante para construir um futuro mais justo e equitativo para todos.

A LIDERANÇA É UMA JORNADA

É importante entender que cada passo em direção à liderança inclusiva representa um avanço significativo na construção de um ambiente mais justo e equitativo. Não se trata apenas de implementar políticas ou cumprir metas de diversidade, mas de cultivar uma cultura na qual cada indivíduo se sinta verdadeiramente valorizado e empoderado para contribuir com a própria singularidade.

Essa transformação exige paciência, persistência e, sobretudo, a disposição de ouvir e aprender com as experiências daqueles que historicamente foram marginalizados. Ao abraçarmos essa responsabilidade, começamos a desmantelar barreiras invisíveis e a criar oportunidades reais para todos, fortalecendo assim o tecido social e organizacional de maneira profunda e duradoura.

Não é um objetivo inatingível, é uma caminhada contínua que vale cada esforço, porque o mundo em que vivemos ainda está longe de ser um lugar seguro para muitos. No entanto, com cada passo que damos e a cada espaço que transformamos, nos aproximamos de um futuro no qual essa segurança será uma realidade compartilhada por todos. Esse é o verdadeiro papel da liderança inclusiva: ser a força que impulsiona a transformação constante, dia após dia.

O LÍDER INCLUSIVO

O líder inclusivo é aquele profissional que não apenas reconhece a importância da diversidade, mas a enxerga como uma força estratégica para a inovação, o crescimento e o sucesso organizacional. Compreende que trazer diversidade para seu setor vai além de preencher vagas com pessoas de diferentes origens;

envolve, na verdade, a criação de um ambiente em que cada indivíduo se sinta valorizado, respeitado e empoderado para contribuir com a própria visão de mundo. Esse tipo de liderança não é passiva, mas proativa em buscar, promover e sustentar a inclusão, seja por meio de políticas claras, práticas diárias ou de um diálogo aberto e contínuo.

A liderança inclusiva vai além de uma simples aceitação da diversidade – compromete-se a transformar a diversidade em um diferencial competitivo. Reconhece a riqueza que diferentes perspectivas trazem ao time e entende que a diversidade pode se manifestar de várias formas: gênero, raça, etnia, orientação sexual, origem socioeconômica, idade, habilidades e muito mais. Cada uma dessas variáveis é tratada com respeito, e as contribuições únicas de cada indivíduo são não apenas permitidas, mas encorajadas.

Um líder inclusivo busca ativamente envolver e dar voz a todos os membros da equipe, certificando-se de que suas diferenças sejam respeitadas e, mais do que isso, apreciadas como fundamentais para o desenvolvimento e o sucesso da organização. Esse profissional entende que a inclusão não acontece por acaso, e sim é construída por meio de ações conscientes que permeiam toda a cultura da empresa, criando um ambiente em que todos possam se sentir seguros, pertencentes e capazes de prosperar.

Quando falamos de liderança inclusiva, estamos falando de todos os líderes, de todas as áreas e níveis de uma organização. Contudo, não basta só contratar os melhores profissionais, pessoas que tragam consigo perspectivas diversas e experiências de vida enriquecedoras. Se a empresa não estiver preparada para acolher essas pessoas, valorizar suas contribuições e atender às suas necessidades no dia a dia, o impacto pode ser altamente prejudicial. Não apenas se corre o risco de frustrar esses talentos, mas também de minar a imagem da organização como um todo.

E, como vimos, em um ambiente no qual a inclusão não é genuinamente praticada, as pessoas podem sentir que suas vozes não são ouvidas, que suas diferenças são ignoradas ou, pior ainda, vistas como obstáculos. Isso pode levar à desmotivação, à rotatividade de talentos e à perda de grandes oportunidades de inovação. A liderança inclusiva, portanto, é essencial não apenas para garantir que esses talentos permaneçam na organização, mas para assegurar que eles possam contribuir plenamente para o sucesso coletivo.

A LIDERANÇA ANTIRRACISTA

Estamos falando de liderança inclusiva de uma forma ampla, mas, como o foco deste livro é o racismo, vamos nos aprofundar nas dinâmicas específicas enfrentadas por executivos negros. A inclusão racial é uma parte crucial da liderança inclusiva, e é fundamental entendermos os desafios únicos que profissionais negros enfrentam, mesmo quando atingem posições de destaque na carreira. Embora a inclusão de gênero, orientação sexual e outras formas de diversidade sejam importantes, o racismo carrega dinâmicas históricas e estruturais que exigem uma análise mais cuidadosa.

Os executivos negros lidam hoje com dinâmicas sociais complexas. Mesmo depois de alcançarem o nível executivo, muitas vezes não são reconhecidos apenas pelo talento e pelas realizações, mas também pela cor da pele. Independentemente do quão bem desempenhem as funções, continuam sendo tratados de maneira diferente. Isso os coloca em uma posição delicada, em que precisam ficar vigilantes o tempo todo, fazer um pouco mais do que os colegas e ser muitíssimo cautelosos no ambiente de trabalho.

O racismo no ambiente corporativo opera de cima para baixo e não desaparece com uma promoção. Pelo contrário, quando esses profissionais atingem níveis mais elevados, encontram novos desafios a serem superados. A expectativa é que os funcionários negros demonstrem um desempenho muito acima do exigido dos colegas brancos para que possam alcançar o nível executivo. Além disso, têm menos chances de serem contratados, mentorados ou promovidos, sobretudo em cargos de alta gestão, como os C-level. Ao analisarmos a diversidade em posições individuais de diretoria, vemos uma sub-representação gritante de executivos negros, hispânicos/latinos e mulheres em cargos com maior poder e influência, como COO e CFO, que possuem maior visibilidade junto ao conselho e são frequentemente considerados nos planos de sucessão para CEO.

Esses executivos, além das responsabilidades profissionais, muitas vezes enfrentam a pressão de serem vistos como "embaixadores culturais", encarregados de lidarem com as questões e necessidades dos funcionários negros. O raciocínio implícito é que, por compartilharem a mesma raça, esses profissionais estariam mais aptos a se relacionar e ajudar os colegas. Isso resulta, na prática, em uma sobrecarga de trabalho: além das funções oficiais, muitas vezes esses líderes são colocados no papel de defensores e mentores de todos os funcionários negros da empresa. Essa dupla carga leva ao que é conhecido como "fadiga da diversidade" – o esgotamento de participar com constância de conversas sobre raça sem ver, na mesma proporção, a participação ou o comprometimento dos líderes brancos.

No Brasil, as dinâmicas do racismo no ambiente de trabalho apresentam características semelhantes, mas também possuem particularidades que refletem a história e a estrutura social do país. Apesar de a Constituição de 1988 ter estabelecido a igualdade formal, o racismo estrutural continua a ser uma barreira invisível, porém poderosa, que impede a ascensão de profissionais negros em diversas áreas. Enquanto a diversidade racial no Brasil é muitas vezes celebrada de maneira superficial, na prática, a presença de pessoas negras em cargos de liderança ainda é bem rara.

Os executivos negros brasileiros enfrentam desafios que vão além da discriminação cotidiana. Assim como nos Estados Unidos, o racismo aqui não se dissolve com promoções ou aumento de responsabilidades. Pelo contrário, à medida que sobem na hierarquia corporativa, esses profissionais muitas vezes se deparam com uma solidão crescente em ambientes dominados por brancos e com expectativas desproporcionais em relação ao seu desempenho. Para chegarem aos cargos de liderança, muitos são obrigados a demonstrar competências e resultados que superam em muito o que é exigido dos colegas brancos, perpetuando uma lógica excludente que privilegia quem já ocupa as posições de poder.

No Brasil, isso se reflete também na sub-representação gritante de pessoas negras em cargos de alta gestão. Um estudo da Fundação Getulio Vargas revelou que, embora pessoas negras componham mais de 50% da população do país, apenas 4,7% dos cargos executivos em grandes empresas são ocupados por negros.[1] A situação é ainda mais crítica quando são analisados os conselhos de administração e as diretorias financeiras e operacionais, espaços nos quais o poder de decisão de fato está concentrado. As barreiras invisíveis, como o racismo velado e os estereótipos que associam competência a uma imagem de liderança branca, dificultam a ascensão de profissionais negros a essas posições.

O QUE ISSO QUER DIZER

Após analisarmos esses dados, é importante fazermos algumas reflexões. Será necessário implementar mudanças em larga escala, e não apenas pequenos ajustes, para corrigir o desequilíbrio de diversidade entre os executivos de alto escalão. A inércia nesse sentido pode ter consequências amplas, prejudicando o desempenho e a competitividade das empresas a longo prazo. A ausência de modelos de liderança diversos, que possam servir de inspiração, cria dificuldades no recrutamento e na

1 EM 2024, 2 mil pessoas negras chegaram à liderança. *Valor Econômico*, [S. l.], 7 nov. 2024. Disponível em: https://valor.globo.com/carreira/noticia/2024/11/07/em-2024-2-mil-pessoas-negras-chegaram-a-lideranca.ghtml. Acesso em: 12 mar. 2025.

retenção de talentos. Além disso, o preconceito na avaliação e no desenvolvimento de profissionais de grupos sub-representados limita as oportunidades de crescimento para aqueles com elevado potencial.

Com a presença extremamente limitada de líderes negros, hispânicos/latinos e mulheres em cargos como COO, CFO e nas funções de liderança de P&L – que costumam ser trampolins para o cargo de CEO – os caminhos de sucessão tornam-se homogêneos e, portanto, menos dinâmicos e robustos. Essa falta de diversidade também afeta os conselhos de administração, nos quais muitas vezes as mesmas pessoas ocupam assentos em várias organizações, dificultando a diferenciação empresarial e a inovação.

Embora haja sinais de progresso, com algumas empresas começando a buscar membros de conselho com expertise em áreas como cadeia de suprimentos, marketing e tecnologia, ainda é necessário muito mais para que alcancemos uma verdadeira representação diversa nos níveis mais altos das corporações. Até que isso aconteça, as empresas continuarão a enfrentar desafios em relação à inclusão e à criação de ambientes de trabalho verdadeiramente plurais.

O PAPEL DOS LÍDERES

Para entendermos melhor o caminho rumo a uma verdadeira liderança inclusiva, é fundamental analisarmos o papel dos líderes que já estão em posições de poder, pois eles têm uma responsabilidade direta na criação de ambientes mais diversos e acolhedores, sendo agentes de mudança no cotidiano das organizações. Mas o que de fato diferencia um líder inclusivo dos demais? E como essa postura impacta diretamente o desempenho da equipe e a retenção de talentos?

De acordo com a Harvard Business Review (2023), os líderes desempenham um papel particularmente crítico: são responsáveis por uma diferença de até setenta pontos percentuais na percepção de pertencimento e segurança psicológica dos colaboradores. Além disso, líderes inclusivos observam um aumento de 17% no desempenho da equipe, uma melhora de 20% na qualidade das decisões tomadas e um crescimento de 29% na colaboração entre os membros da equipe. Talvez ainda mais impressionante seja o impacto na retenção: líderes inclusivos conseguem reduzir em 76% o risco de desgaste e turnover dos funcionários. Esses números deixam claro que, quando os líderes adotam práticas inclusivas, o efeito positivo se reflete não só no bem-estar dos colaboradores, mas também nos resultados organizacionais como um todo.

Vários entrevistados criticaram a ideia de que a liderança precisa ser infalível e superior para ser reconhecida. Eles destacaram, em vez disso, a importância de mostrar vulnerabilidade, afirmando que é essencial para construir confiança e segurança entre os membros da equipe.

Um líder, por exemplo, revelou as fraquezas para a equipe, enquanto outro compartilhou abertamente os altos e baixos da própria trajetória profissional em eventos públicos. Uma terceira líder decidiu expor os fracassos para a equipe, com o objetivo de normalizar os erros e incentivar uma cultura de aprendizado e crescimento. Por fim, uma líder de design regularmente discordava do chefe na frente da equipe, para mostrar que era permitido questionar a autoridade.

A compaixão é a base da nossa capacidade de compreender o que o outro está passando, conectar-se em um nível emocional e tomar medidas significativas para melhorar sua condição. Mais do que apenas demonstrar empatia no local de trabalho, os líderes compassivos passam de um lugar privado de sentimento empático para ações externas e tangíveis. A compaixão deve catapultá-lo para fazer algo significativo – seja lá o que isso signifique para você ou para outras pessoas – e isso deve transparecer. Ao prestar atenção ao que está acontecendo ao redor, use as informações coletadas para construir uma cultura de liderança inclusiva. Por exemplo, se uma nova pessoa for contratada, reserve um tempo para conhecê-la, mostre-lhe o local e ofereça-se para ajudá-la a se aclimatar. Simples atos de inclusão podem ajudar a construir uma cultura de respeito em sua organização.

A compaixão é a base da nossa capacidade de entender o que o outro está vivenciando, conectar-se emocionalmente e tomar medidas concretas para melhorar sua situação. No ambiente de trabalho, os líderes compassivos não apenas demonstram empatia, mas transformam esse sentimento em ações tangíveis e externas.

Os líderes seniores, em particular, precisam aceitar que suas organizações, em muitos casos, não oferecem condições de concorrência justas e equitativas. Embora possa não ser óbvio à primeira vista, é uma realidade que afeta profundamente a progressão e a inclusão de talentos diversos. Ao reconhecer essa desigualdade, os líderes se colocam em uma posição mais consciente e apta para tomar medidas significativas.

Isso envolve reavaliar as práticas de contratação, promoção e desenvolvimento de carreira, garantindo que as oportunidades sejam verdadeiramente acessíveis a todos os funcionários, independentemente de origem, gênero ou raça. Ao fazer isso, não só promoverão a inclusão como também fortalecerão a empresa como um todo, tornando-a mais inovadora e competitiva a longo prazo.

A MINHA EXPERIÊNCIA

As oportunidades que surgiram na minha vida abriram portas que, com muita persistência, consegui manter abertas. Lembro bem do início da minha trajetória, saindo de um lugar menos privilegiado, no qual as chances não apareciam com facilidade. Para mim, foi essencial não apenas agarrar essas oportunidades, mas também resistir e me manter firme nos espaços que consegui conquistar. Como mulher, sobretudo uma mulher que veio de um contexto de menos privilégios, sei que essas oportunidades precisam ser criadas para que haja equidade de fato. Permanecer e prosperar nesses ambientes exige muita determinação.

Minha carreira sempre foi bastante holística, cheia de idas e vindas, e o curioso é que, durante muito tempo, me cobrei demais por isso. Eu me perguntava: "Por que não consigo me especializar em uma única coisa?". Sentia uma certa ansiedade por desbravar várias áreas ao mesmo tempo. Agora, por exemplo, estou fazendo um curso de transformação digital para executivos, o que me mantém em movimento. Nunca me acomodei em uma única área de especialização, e essa inquietação acabou sendo uma bênção. Ela me deu uma bagagem diversa e me trouxe a chance de trabalhar com pessoas de experiências enormes, muito maiores do que eu poderia imaginar.

Minha carreira nunca foi linear. Foi sempre uma mistura de sorte e de estar pronta para o que surgisse no momento. Sempre pensei: "O que tem para hoje?". E, aos poucos, fui aproveitando as oportunidades que surgiram, abrindo espaço e persistindo, sabendo que não é fácil se manter nesses lugares. Olho para trás e vejo que fui uma pessoa de sorte, porque sei que há muitas Adrianas por aí, buscando as mesmas oportunidades que encontrei. Porém, ao mesmo tempo, sei que não foi apenas sorte, foi também muita insistência. Eu me dizia: "Vou tentar e vou insistir". Foi assim que comecei minha carreira como tradutora e intérprete, que é minha formação inicial.

O idioma inglês foi uma das chaves que abriu várias portas para mim. Minha primeira experiência em uma grande empresa foi no escritório de advocacia Machado Meyer, um dos maiores do Brasil. Foi lá que comecei a experimentar diferentes áreas e, curiosamente, acabei construindo o início da minha carreira na área financeira. A partir dali, fui sendo contratada por multinacionais, que sempre foram o perfil típico das empresas em que trabalhei. Talvez a Machado Meyer tenha sido a única empresa brasileira em que atuei. Foi essa trajetória cheia de reviravoltas, oportunidades inesperadas e muita persistência que me trouxe até aqui.

Fui chamada para trabalhar em uma empresa alemã, já como supervisora administrativa, tocando toda a área de backoffice. Eles tinham acabado de abrir a empresa no Brasil, e foi uma experiência interessante, porque naquela época ainda não se falava em "startups", mas, essencialmente, era isso que eu estava fazendo: ajudando empresas recém-chegadas a se estruturarem. Atuei em várias startups antes mesmo de o termo ser popular. Minha função era muito mais operacional, lidando com processos, porque essas empresas internacionais tinham pouca ou nenhuma noção de como navegar pela complexa burocracia brasileira, em especial pela parte tributária.

Com o tempo, fui galgando novos espaços. Fui para a Cisco, uma gigante da tecnologia, depois para a Arkadin, uma empresa francesa também do setor de tecnologia. E, em seguida, segui para a SimpsonThacher & Bartlett LLP, uma empresa americana de advocacia, e nesse meio-tempo também trabalhei em outras empresas por períodos mais curtos. Mas foi na Simpson Thacher que encontrei um verdadeiro case para a minha carreira. Fiquei quase oito anos lá como gerente geral em São Paulo, cuidando de toda a parte administrativa e financeira. No entanto, meu foco sempre esteve nas pessoas.

Era nesse ponto que meu coração de fato vibrava. Como uma Adriana que veio da periferia, com um olhar holístico, mesmo lidando com processos muito pragmáticos, nunca deixei de me importar com o lado humano. Mesmo em funções técnicas, mantive o foco nas pessoas, e foi por isso que, paralelamente, comecei a me envolver em trabalhos voluntários. Sentia uma necessidade crescente de trabalhar mais de perto com as pessoas, algo que meu cargo corporativo não conseguia suprir de todo. Sempre fui uma boa gestora, com sensibilidade para as necessidades da equipe, mas queria mais, queria um impacto maior no campo humano.

Foi essa inquietação que me levou a buscar algo além das funções formais de liderança. Trabalhar em empresas grandes me deu a oportunidade de crescer, mas o desejo de estar mais próxima das pessoas e de fazer a diferença direta em suas vidas continuava me chamando. Essa combinação de carreira pragmática e trabalho humano foi o que moldou minha trajetória de uma forma que eu nunca poderia ter previsto.

Dali, recebi o convite para atuar no mercado financeiro como Vice-Presidente de Diversidade. Foi uma posição extremamente importante para mim e, ao mesmo tempo, um dos maiores desafios que enfrentei na carreira. No entanto, foi também uma oportunidade valiosa para reunir ainda mais experiências e expandir minha bagagem de maneira abrangente. Estar nessa posição me permitiu lidar com questões profundas sobre inclusão, e esse período foi fundamental para moldar minha visão sobre o que significa ser uma líder inclusiva.

Minha trajetória, porém, é bem diferente daquelas construídas em ambientes de privilégio. Cada etapa do meu caminho foi marcada por desafios que me ensinaram a desenvolver empatia, a estar atenta aos sinais sutis de preconceito e a fortalecer as soft skills, algo que só se aprende quando se vivencia essas barreiras. E aqui vai uma das lições mais valiosas para qualquer liderança que queira mesmo ser inclusiva: envolva-se em trabalho voluntário. O contato direto com realidades diversas faz toda a diferença na maneira como se entende e pratica a inclusão.

No comitê de igualdade racial, tive a oportunidade de trabalhar com muitas mulheres negras e fui responsável pela coordenação de um acelerador de carreiras. Essa experiência me trouxe insights valiosos e me conectou profundamente com aquelas mulheres. O que percebi foi alarmante: elas estavam no mercado corporativo havia anos, sempre desempenhando as funções com excelência, mas, ainda assim, estagnadas, sem o reconhecimento e as oportunidades de crescimento que mereciam. Ao me aproximar delas, reconheci várias Adrianas – mulheres que, assim como eu, tinham muito talento, mas que precisavam de um impulso para alcançar voos maiores. Tive o privilégio de encontrar as oportunidades, mas muitas delas ainda estavam esperando por essa guinada.

Essa experiência me mostrou, com ainda mais clareza, a importância de criar e fomentar espaços de visibilidade para essas mulheres. É um lembrete constante de que, como líder, tenho a responsabilidade de abrir portas e pavimentar o caminho para outras que estão à margem, esperando a chance de brilhar.

O voluntariado foi uma porta gigantesca que se abriu na minha vida e me transformou muito, tanto como pessoa quanto como profissional. Depois de integrar o Comitê de Igualdade Racial, comecei a expandir o círculo de conexões, criando laços com pessoas de diferentes trajetórias. Foi quando conheci o Pacto de Promoção da Equidade Racial, um grupo recém-formado, no qual entrei como cofundadora associada. Tive a honra de ser uma das primeiras participantes e hoje sou conselheira do Pacto, que é uma iniciativa linda, composta por executivos e antigos executivos do mercado corporativo, unidos para identificar as dores das pessoas negras nesses espaços. Utilizamos índices e métricas para avaliar a evolução – ou falta dela – dessas pessoas no ambiente corporativo.

Foi naquele momento que comecei a entender e a identificar minha responsabilidade para com essas pessoas. O voluntariado não só me transformou, mas me ensinou a me ver refletida em cada uma delas. Então, me vi pensando: "Agora que tenho esse conhecimento, preciso agir". Eu havia chegado a uma posição privilegiada, me reconhecendo e afirmando minha identidade como mulher negra em espaços de liderança, algo que nunca foi fácil. Por muito tempo, tentei sobreviver de forma quase camuflada, como uma estratégia de autopreservação. Mas quando enfim disse "chega" e decidi me assumir por completo, entendi que minha responsabilidade ia além de mim: eu precisava fazer algo por todas as pessoas que também estavam lutando para encontrar o próprio lugar.

Se hoje estou aqui, compartilhando minha história e minhas conquistas, sei que é em grande parte graças ao voluntariado, pois com ele me descobri capaz de fazer a diferença. As competências profissionais que hoje valorizo foram construídas nesse processo de autodescoberta e de conexão com o outro. Acredito profundamente que as novas gerações estão seguindo o exemplo das que vieram antes e, juntas, estamos construindo algo maior. As corporações, ainda que devagar, têm avançado, e esse progresso só é possível porque estamos dando continuidade à luta.

NEM TUDO SÃO FLORES

Ao mesmo tempo, é aquela coisa: são dois passos para a frente e um para trás, e, às vezes, dois para a frente e dois para trás. O progresso não é linear, porque acompanha as oscilações da economia e o cenário global. Além disso, há um certo oportunismo em torno dessa pauta, tanto para o bem quanto para o mal. Embora minha experiência tenha sido de crescimento e conquistas, reconheço que nem todos têm a mesma oportunidade ou conseguem trilhar o mesmo caminho com a mesma facilidade. Ainda temos muito chão a percorrer.

Na ONU, foi extremamente gratificante participar de discussões sobre como podemos de fato mover a equidade para a frente, sobretudo a equidade de gênero. E um ponto importante foi que isso só será possível com a participação ativa dos homens, porque sem eles não conseguiremos romper o ciclo. Precisamos tocar nesse "teto de vidro", que continua sendo muito espesso, ou não conseguiremos avançar de fato. Sim, temos ocupado mais espaços em conselhos e cargos de alta liderança, mas ainda há muita resistência.

O que fica claro para mim é que, apesar das conquistas, ainda há um longo caminho pela frente. Minha jornada não é a mesma de todas as mulheres, sobretudo de mulheres negras, e muitas ainda encontram barreiras intransponíveis. As mudanças estão acontecendo, mas de forma desigual. Cada passo adiante é uma vitória, mas precisamos continuar a lutar para garantir que o avanço seja para todos, de forma consistente e permanente.

A resistência que mencionei vem, sobretudo, de um padrão de poder, um sistema muito estrutural construído por homens majoritariamente brancos. Acredito muito em um avanço e de fato temos visto que tem ocorrido, mas, como mencionei, às vezes precisamos dar alguns passos para trás.

Infelizmente, tenho observado que desculpas vêm sendo usadas como pretextos, como a ideia de que, devido à economia estagnada, devemos priorizar outras questões e congelar o investimento em pautas de diversidade. Para mim, isso é uma falácia. Tenho buscado maneiras e recursos para convencer as instituições a continuarem falando de diversidade, equidade de gênero e racial.

O que precisamos entender é que isso não é um favor que se faz. Na verdade, é um benefício para todos que entram, inclusive na questão moral. As instituições privadas não estão separadas da sociedade, como já mencionamos, fazem parte dela e são também responsáveis pelas condições em que vivemos hoje. A diversidade e a equidade não são questões que podem ser adiadas ou tratadas como secundárias. São fundamentais para o progresso coletivo, e as empresas precisam assumir o papel nessa transformação, não como um fardo, e sim como uma oportunidade de crescer de maneira mais justa e sustentável.

ALGUNS EXEMPLOS A SEGUIR

Estamos, sem dúvida, vendo avanços na questão da diversidade e inclusão dentro das empresas, mas ainda há muito a ser feito. É necessário termos um diálogo muito mais sensível, mesmo que desconfortável. Acredito fortemente nas alianças que formamos, e parte desse processo envolve engajar os homens na conversa. Não dá para avançar nas corporações sem, estrategicamente, dialogar com aqueles que, muitas vezes, se opõem ou não compreendem de todo a pauta. Aprendi ao longo do tempo que construir conexões com esses aliados é essencial para promover uma mudança real.

Tenho contato com diversas empresas e dialogo com frequência tanto com pessoas que lideram as áreas de diversidade quanto com os próprios CEOs.

Muitas dessas empresas ainda não chegaram ao ápice, mas o que vejo são CEOs corajosos. E essa coragem é fundamental. Não basta falar, não basta apenas querer fazer algo a respeito, é preciso coragem para agir de verdade. Sobretudo porque, no mundo corporativo, o tempo é sempre um fator crítico, com as empresas demandando resultados imediatos, "tudo para ontem". CEOs corajosos são aqueles que têm a visão de longo prazo e dizem: "Diversidade e inclusão exigem tempo, e esse 'tudo para ontem' precisará ser reavaliado".

É com essa postura que eles conseguem enxergar que o valor gerado a longo prazo é muito maior. E é exatamente isso que tenho visto: empresas em diferentes estágios, mas com muita vontade de avançar, lideradas por pessoas corajosas. Sem essa coragem, a mudança não acontece.

Dito isso, vale lembrar que ser um aliado corajoso, em especial para quem é branco, não é uma tarefa fácil. No próximo capítulo, vamos destrinchar e entender um pouco melhor os desafios enfrentados por aqueles que, querendo ser antirracistas, precisam enfrentar as próprias barreiras internas e externas, e como a luta pela equidade racial pode ser desconfortável, mas é necessária.

A LUTA ANTIRRACISTA DA PERSPECTIVA BRANCA

Reconhecer que a luta antirracista é difícil para pessoas brancas pode parecer uma afirmação dura, mas é a realidade. Isso porque todos nós, de alguma forma, fomos moldados por uma sociedade que tem o racismo enraizado. Nossa história, nosso país, foi construído sobre o sofrimento de pessoas negras e erguido em estruturas de poder que mantêm certos grupos em posições de privilégio. Encarar isso de frente – reconhecer que você ocupa um espaço privilegiado, em parte, por causa de uma história de dor e exclusão de outras pessoas – é profundamente desconfortável, e essa conversa nem sempre é fácil.

Ser antirracista exige mais do que participar de debates ou expressar boas intenções. É um exercício diário de reflexão e ação. Significa observar, todos os dias, como suas escolhas e seus comportamentos afetam a sociedade ao redor. Por exemplo, se tem alguém que trabalha para você, dentro de sua casa, e você não se preocupa com as condições de vida da pessoa e da família dela – que provavelmente enfrenta desafios financeiros e tem poucas perspectivas de progresso –, você está, mesmo que involuntariamente, perpetuando as desigualdades que discutimos. Nossa sociedade foi construída por cima de muitas camadas de privilégio, e o simples fato de ignorar essas realidades ajuda a manter esse sistema em funcionamento.

Além disso, é importante reconhecer o quanto pode ser problemático quando, em vez de vermos essas pessoas como profissionais, as tratamos como se fossem "da família". Esse discurso, muitas vezes, disfarça a verdadeira relação de trabalho que existe ali e, em muitos casos, serve como uma forma de minimizar ou justificar abusos.

Ao dizer que alguém é "como parte da família", algumas pessoas se sentem no direito de exigir horas extras sem pagamento, trabalhos além do combinado e um comprometimento emocional que ultrapassa os limites do contrato profissional. É um tipo de manipulação sutil que, ao tentar suavizar a relação, acaba perpetuando a exploração, ignorando que essa pessoa tem uma vida própria, com necessidades e direitos que precisam ser respeitados. Isso perpetua a desigualdade e reforça o ciclo de privilégios e exclusão que sustenta o racismo estrutural.

Percebemos então que a liderança inclusiva vai muito além das grandes políticas ou decisões corporativas. Ela também se revela nos pequenos atos do cotidiano, nas formas como nos relacionamos com as pessoas ao redor, em especial com aquelas que estão em situações mais vulneráveis. Tudo isso está interligado – desde as escolhas que fazemos nas relações pessoais até as atitudes que tomamos no ambiente profissional. Uma verdadeira liderança inclusiva exige que prestemos atenção a essas pequenas dinâmicas, reconhecendo como o privilégio e a exclusão se manifestam nas interações mais simples.

Mesmo quando afirmamos que não somos racistas, ainda estamos cercados por um sistema racista. Romper com esse sistema todos os dias é uma tarefa árdua, que demanda coragem e consciência. Reconhecer-se como alguém que se beneficia desse sistema não significa que você esteja cometendo atos explícitos de racismo, como vemos em casos extremos. Ser racista é, muitas vezes, não perceber os próprios privilégios, então é preciso entender que, enquanto uns prosperam graças às estruturas de poder, outros continuam lutando para ter oportunidades mínimas.

A pessoa que trabalha dentro da sua casa, por exemplo, provavelmente faz parte de uma família que ainda enfrentará muitas gerações de desvantagem. Esse é o ambiente racista em que estamos inseridos, e ser antirracista é, antes de tudo, reconhecer os próprios privilégios e, a partir desse reconhecimento, agir para mudar essa realidade. Não se trata apenas de grandes gestos ou declarações públicas, mas de uma transformação diária, feita com pequenos passos conscientes, para desmantelar as desigualdades que nos cercam.

Assim, a liderança inclusiva começa no reconhecimento das estruturas de privilégio que moldam nossas vidas e se estende para as pequenas ações que tomamos todos os dias. Não basta promover discursos ou políticas se não estamos dispostos a refletir sobre o impacto de nossas atitudes cotidianas, tanto no trabalho quanto em nossas relações pessoais. Ser antirracista exige coragem para encarar a desconfortável realidade de que o racismo está presente nas menores interações e nas mais amplas instituições. Assim, o verdadeiro compromisso com a inclusão e a equidade passa por uma transformação diária, que envolve reconhecer nossos privilégios, questionar os sistemas que beneficiam uns em detrimento de outros e agir dia após dia para construir um futuro mais justo e inclusivo para todos. É uma jornada de aprendizado constante, e o primeiro passo é sempre o mais difícil: encarar a realidade e se comprometer com a mudança.

VOZES DA REALIDADE: **RELATOS QUE MARCAM**

Esta semana é especial. Vai acontecer minha colação de grau, mas, desde o último semestre, uma pergunta não sai da minha cabeça: e as minhas mulheres? Sempre elas... Sou a primeira da minha casa a não seguir o caminho do trabalho doméstico, a primeira a estudar, a primeira a entrar em uma universidade. Minha tataravó foi escravizada. Minha bisavó, diarista. Minha avó e as duas filhas trabalharam juntas na mesma casa de família. A linha que conecta essas gerações está repleta de histórias de dor e resiliência.

Minha avó, dona Davina, sempre dizia que não queria aquele futuro para mim. E eu também não queria. Lembro de uma vez, quando ainda era criança, que ela me levou para o trabalho. Sua patroa, dona Alice, depois de minha avó terminar de limpar a lavanderia, sugeriu que eu ficasse olhando pela janela, que tinha uma redinha de proteção. Parecia uma ótima ideia! Eu, pequenininha, me apoiei em um móvel e fiquei na ponta dos pés, observando a avenida Nove de Julho e o parquinho do prédio. Olhar aquela vista era como espiar um mundo que não era o meu. O parquinho, as árvores, a calma – tudo ali era diferente do que eu vivia.

Porém, esse momento de contemplação foi logo interrompido. Dona Alice voltou e chamou minha avó: "Dona Davina, acho que esqueceu de limpar aqui". As duas sabiam que não era verdade, e eu também. Fiquei com o coração apertado. Quando me aproximei do móvel preto fosco, percebi as marquinhas de suor dos meus dedos, nos pontos em que eu havia me apoiado. Não era sujeira, mas aquilo foi suficiente para dar mais trabalho à minha avó. Ela, com a expressão séria, apenas pegou o balde e o pano e começou a limpar, enquanto eu, constrangida, fui chorar onde ela não pudesse me ver.

Esse sentimento de não pertencimento foi plantado cedo. Mais tarde, conversando com Lulu, a melhor amiga da minha avó, percebi o quanto essa sensação de "não merecimento" é profundamente enraizada. Quando contei a ela de minhas andanças pela cidade e mencionei que entrei no shopping Morumbi, ela disse: "Não, não. Aquele lugar não é para mim. Eu sei o meu lugar". Aquilo me atingiu como um soco no estômago. Um sentimento de que nós, mulheres negras, somos constantemente moldadas para acreditar que não pertencemos a certos espaços.

E aqui estou eu, quebrando ciclos. Quebrar esses ciclos é como carregar um peso constante, uma dor que nunca desaparece de todo, mas que, de alguma forma, nos impulsiona. A vida estica você de todos os lados, mas você segue em frente. Cada pequena vitória que conquisto, desde a bolsa de 100% no Prouni até o diploma que pego esta semana, carrega a alegria e a dor de todas as mulheres que vieram antes de mim. Aos olhos dessas mulheres, meu caminho é primoroso. E preciso lembrar disso sempre.

Só que a realidade não deixa de ser dura, mesmo com os diplomas. Quando comecei a estagiar em uma multinacional de inovação, achei que enfim estivesse construindo algo diferente. Tinha experiência, contatos, entusiasmo. Porém, logo fui jogada nas sombras. Um dos primeiros pedidos que recebi foi para organizar armários cheios de kits mofados e limpar uma pipoqueira antiga. As tarefas meneais me acompanhavam, enquanto outros estagiários, com carteirinhas de universidades prestigiadas, eram poupados dessas funções. Eu, a única pessoa preta da unidade, me sentia invisível.

O sentimento de exclusão só aumentava com o tempo. Não era só o trabalho prático, mas a constante sensação de que minha presença era tolerada, não celebrada. Quando me deram uma devolutiva criticando a apresentação que preparei com tanto cuidado, sem ao menos olhar o que eu havia feito, entendi que o problema não era minha performance. O problema era eu não seguir o roteiro que esperavam de mim: menos criatividade, mais conformidade. Minha criatividade, minha voz, minha diferença, tudo isso era uma ameaça silenciosa.

E então veio a gota d'água. Enquanto eu era constantemente requisitada para tarefas secundárias, vi outra estagiária, com privilégios evidentes – Mercedes, cartão black, viagens sem restrições –, recebendo toda a liberdade que me era negada. O contraste era insuportável. Eu não podia sequer participar da semana de comunicação da minha faculdade, enquanto ela viajava com a bênção da empresa. Decidi que não podia mais aceitar aquilo. Minha avó suportou sacrifícios imensos para que eu pudesse viver algo diferente. Pedir demissão foi minha forma de honrar esse legado.

A verdade é que o mercado de trabalho, em especial para mulheres negras, ainda está longe de ser um lugar de justiça e igualdade. Mesmo com meus grandes saltos, nada parecia suficiente. Mas, apesar de tudo, sigo em frente. Meu diploma está chegando e, com ele, um passo a mais nessa longa jornada. Meu caminho, com todas as dores e desafios, é primoroso porque ele é o reflexo da luta e da resiliência de todas as mulheres que vieram antes de mim.

CAPÍTULO 5

O PODER DO PERTENCIMENTO

"O pertencimento é uma necessidade primordial. Quando perdemos a conexão com nossa comunidade, quando somos marginalizados, isso nos machuca de uma maneira que poucas outras coisas machucam."
— bell hooks, *Pertencimento: uma cultura do lugar*

O conceito de pertencimento tem sido visto como um grande pilar para a construção de um ambiente de trabalho inclusivo e saudável. O pertencimento é mais do que uma simples conexão com a cultura da empresa, é um sentimento profundo de inclusão, pois cada colaborador sente que sua presença e contribuição são valorizadas de fato. Quando as pessoas se sentem parte de algo maior, a motivação e o engajamento florescem. Não é difícil entender isso: só lembrar da época da escola, quando parecia que nos sentíamos mais motivados a participar de alguma tarefa quando nossos amiguinhos mais próximos também participavam.

Esse sentimento, no entanto, ainda não é uma realidade para todos. Pense, por exemplo, em um jovem profissional negro que acaba de ingressar em uma grande empresa e percebe que é o único de sua cor em uma sala de reuniões. Ou em uma mulher que, mesmo com anos de experiência, vê suas ideias frequentemente ignoradas em discussões importantes.

Em situações como essas, o pertencimento pode parecer uma promessa vazia, algo que existe apenas nos discursos motivacionais das campanhas de diversidade. E, quando os colaboradores não se sentem de fato incluídos, os impactos vão além da simples insatisfação: surgem problemas como a queda de produtividade, aumento de afastamentos por questões de saúde mental e até mesmo a perda de talentos que poderiam fazer a diferença nos resultados da empresa.

É aí que surge a importância de repensar o modo como as empresas lidam com a diversidade e a inclusão. Aqui, estamos falando de fazer mais do que celebrar datas simbólicas ou criar campanhas de marketing que promovam a imagem de uma empresa "diversa e acolhedora".

O verdadeiro desafio é criar um ambiente em que todos os colaboradores sintam que podem ser quem são e que têm espaço para contribuir de maneira plena e autêntica. Para isso, é essencial que as empresas compreendam que a segurança psicológica – a sensação de que é seguro assumir riscos, expressar opiniões e admitir erros sem medo de retaliações – é um fator crucial para o pertencimento, ainda mais para aqueles que, historicamente, foram marginalizados nos ambientes de trabalho.

O contraste com práticas do passado é claro. Anos atrás, falar de saúde mental no trabalho se resumia a atividades de relaxamento e sessões de alongamento no escritório. Hoje, sabe-se que isso é apenas pequena parte de um problema muito maior. Saúde mental não é só oferecer um dia de folga ou certa massagem ocasional, é identificar as causas profundas que levam ao desgaste emocional dos colaboradores, muitas vezes relacionadas ao próprio ambiente de trabalho. Compreender o que de fato causa sofrimento no dia a dia dos funcionários – como a pressão por resultados, a falta de reconhecimento e, sobretudo, as dinâmicas de discriminação e exclusão – é o primeiro passo para construir um ambiente verdadeiramente inclusivo.

Ao longo deste capítulo, destrincharemos como o sentimento de pertencimento, combinado com a segurança psicológica, pode transformar não só a experiência individual de cada colaborador, mas também os resultados organizacionais. Analisaremos as práticas que fazem mesmo a diferença, as estratégias que precisam ser revistas e os exemplos de empresas que já estão trilhando esse caminho de maneira mais intencional. Mais do que uma necessidade de adaptação ao mundo moderno, criar um ambiente de trabalho em que todos se sintam pertencentes e seguros é um imperativo ético e uma oportunidade para construir uma cultura organizacional mais forte e resiliente.

A IMPORTÂNCIA DO PERTENCIMENTO

Mais do que uma palavra de ordem nas campanhas de diversidade, o pertencimento toca em uma necessidade humana básica: a de ser aceito e valorizado em sua totalidade. Imagine uma grande empresa de tecnologia que, ao longo dos anos, percebeu que muitos de seus colaboradores negros se sentiam isolados em reuniões estratégicas, nas quais poucas vezes viam outros profissionais que se pareciam com eles.

A empresa investia em treinamentos de inclusão, mas algo parecia faltar. Foi então que um líder – ele mesmo parte de um grupo minorizado – propôs uma mudança: criar grupos de afinidade e sessões regulares nas quais cada colaborador pudesse compartilhar as experiências. Ao abrir espaço para essas conversas, a empresa começou a ver mudanças significativas. A produtividade aumentou e, mais do que isso, os funcionários passaram a se engajar mais profundamente com os objetivos da organização, porque se sentiam parte de algo maior.

Quando o sentimento de pertencimento é negligenciado, o impacto vai além da satisfação pessoal, atinge a alma da cultura organizacional. Empresas que ignoram essa necessidade podem acabar perpetuando estruturas de poder desiguais e discriminatórias, nas quais as vozes de grupos minorizados são frequentemente silenciadas.

Isso não só reduz a motivação desses colaboradores como também limita a inovação. Um exemplo disso ocorreu em uma startup de marketing digital que enfrentou altos índices de turnover entre as funcionárias mulheres. Em conversas de saída, elas revelavam sentir que suas ideias não eram valorizadas em um ambiente dominado por vozes masculinas. Apenas quando a empresa começou a implementar práticas de segurança psicológica – como feedbacks anônimos e treinamentos para líderes sobre escuta ativa –, é que começou a reter mais talentos femininos e a criar um ambiente em que todos pudessem se expressar sem medo.

A necessidade de pertencimento, longe de ser um conceito novo, está profundamente enraizada na teoria das necessidades humanas de Abraham Maslow, que afirmava que o pertencimento é tão essencial quanto a necessidade de segurança e estima.[1] Todos nós buscamos um lugar onde nos sintamos parte de uma comunidade, onde nossas contribuições sejam reconhecidas e onde possamos nos conectar de maneira genuína com os outros. No ambiente de trabalho, esse desejo pode ser a diferença entre um colaborador que apenas cumpre as tarefas e um que está genuinamente comprometido com a visão da empresa.

Esse sentimento de pertencimento, que parece tão simples, tem um impacto profundo na forma como as pessoas se relacionam com o trabalho. Quando os colaboradores sentem que são aceitos por quem são e que têm sua voz ouvida, a motivação cresce e o engajamento se torna orgânico. No entanto, alcançar esse estado não é trivial. Requer das organizações um compromisso verdadeiro em ouvir, se adaptar e, sobretudo, transformar a maneira como o trabalho é feito, reconhecendo que cada pessoa carrega uma história que pode enriquecer a

1 A HIERARQUIA de necessidades de Maslow. *Portal da Estratégia*, [S. l.], [2023]. Disponível em: https://www.gov.br/transportes/pt-br/assuntos/portal-da-estrategia/artigos-gestao-estrategica/a-hierarquia-de-necessidades-de-maslow. Acesso em: 12 mar. 2025.

jornada coletiva. Ao entender essa necessidade humana fundamental, as empresas não apenas criam melhores lugares para se trabalhar como também se posicionam como protagonistas em um mercado cada vez mais atento às questões de equidade e justiça social.

OS DESAFIOS PARA GRUPOS MINORIZADOS

Para pessoas de grupos minorizados, a experiência de pertencimento no ambiente corporativo é muitas vezes marcada por obstáculos que vão além das simples dificuldades profissionais. Essas barreiras são sistêmicas e interpessoais, muitas vezes enraizadas em preconceitos históricos e culturais, como o racismo.

Imagine um jovem engenheiro negro que começa a carreira em uma empresa de tecnologia renomada. A princípio, ele está animado, cheio de ideias e ansioso para contribuir. No entanto, ao longo do tempo, ele começa a perceber que suas ideias são frequentemente deixadas de lado em reuniões e que ele não é chamado para os projetos mais desafiadores. Além disso, os comentários sutis de colegas, sugerindo que ele só foi contratado para cumprir cotas, minam sua confiança.

Essa experiência de exclusão não apenas dificulta a integração plena ao time, mas também afeta a saúde mental, gerando insegurança e ansiedade. Sem um ambiente em que se sinta seguro para expressar preocupações e vulnerabilidades, ele começa a se isolar, o que acaba por impactar sua criatividade e disposição para propor soluções inovadoras.

A segurança psicológica é essencial para que qualquer colaborador possa assumir riscos, criar novas soluções e propor ideias que desafiem o status quo, e a falta dela é um problema grave. Muitas empresas dizem promover a inovação, mas, ao mesmo tempo, falham em criar um ambiente em que todos se sintam confortáveis para se expressarem.

Isso é verdadeiro sobretudo para as mulheres em setores tradicionalmente dominados por homens, como a engenharia e a tecnologia. Em uma grande multinacional de software, por exemplo, uma pesquisa interna revelou que as funcionárias se sentiam menos à vontade para sugerir novas abordagens em projetos, temendo que suas ideias fossem descartadas de cara.

A empresa, ao perceber o problema, começou a implementar treinamentos focados em segurança psicológica e, pouco a pouco, viu uma melhoria nas interações nas reuniões. A inclusão dessas vozes antes silenciadas trouxe novos insights para os projetos, o que resultou em melhorias significativas no desenvolvimento de produtos.

A preocupação das corporações com a saúde mental dos funcionários não é nova, mas o entendimento sobre o que significa de fato cuidar do bem-estar dos colaboradores tem evoluído ao longo dos anos. Dez ou vinte anos atrás, as iniciativas de saúde mental no trabalho costumavam ser bastante superficiais. Era comum ver empresas oferecendo sessões de ginástica laboral ou trazendo profissionais para aplicar massagens rápidas nos funcionários. Essas ações, embora bem-intencionadas, eram apenas paliativos que ignoravam os verdadeiros problemas que afetavam a saúde mental dos colaboradores.

Hoje, compreendemos que os desafios são muito mais profundos. A exaustão mental dos funcionários não vem apenas do volume de trabalho, mas das dinâmicas de pressão constante, da falta de reconhecimento e, principalmente, de um ambiente que muitas vezes não reconhece a diversidade de experiências dos colaboradores.

Algumas empresas têm buscado ir além das abordagens tradicionais. Criaram departamentos específicos de felicidade e bem-estar, mas muitas vezes sem sucesso em atacar as causas reais do problema. Apesar de ações como workshops de mindfulness e treinamentos de meditação serem importantes, não resolvem a questão central: o ambiente de trabalho em si.

A demanda por produtividade é alta, e muitos gestores ainda não compreendem como equilibrar isso com a necessidade de criar um espaço em que os colaboradores se sintam valorizados. Em um estudo recente, que realizei para entender melhor esse contexto, ficou evidente que os índices de burnout continuam a crescer, e as licenças médicas por problemas de saúde mental só aumentam. A pesquisa revelou um padrão preocupante: pessoas de grupos minorizados – incluindo negros, LGBTQIA+, pessoas com deficiência e mulheres – apresentavam taxas significativamente maiores de esgotamento e ansiedade.

Essa pesquisa trouxe à tona um dado alarmante: muitos desses colaboradores, ao serem questionados, relataram que, além das pressões normais do trabalho, sentiam-se constantemente avaliados e desrespeitados, como se precisassem provar o próprio valor mais do que seus colegas.

Um exemplo disso é o caso de uma colaboradora LGBTQIA+ de uma grande instituição financeira que relatou sentir-se constantemente isolada em eventos corporativos, nos quais comentários homofóbicos ainda eram comuns. Ela explicou que, embora a empresa tivesse políticas antidiscriminação no papel, a cultura cotidiana ainda era de exclusão. Essa discrepância entre a política oficial e a prática diária é um dos maiores desafios para as empresas que de fato querem se tornar inclusivas.

A raiz do problema está, muitas vezes, na estrutura corporativa. A maioria das empresas ainda opera sob um modelo que prioriza o capital acima de tudo. Elas podem até se preocupar com a reputação da marca e com a satisfação do consumidor final, mas, no fim das contas, as decisões são orientadas pela busca de resultados financeiros. Em muitos casos, os colaboradores são tratados como recursos a serem explorados até o limite, e não como indivíduos que podem oferecer muito mais do que apenas trabalho. Assim, talentos são subaproveitados, e suas necessidades e potencialidades são ignoradas em prol de metas padronizadas que não consideram as diferenças entre as pessoas. Essa falta de personalização na gestão de equipes é um dos fatores que mais contribuem para o adoecimento mental e para a falta do senso de pertencimento.

Para que uma empresa seja sustentável e saudável, é necessário que as regras do jogo mudem. É preciso repensar o que se espera dos colaboradores e como a performance é medida. Por exemplo, o que realmente define um colaborador de alta performance? É apenas a entrega de resultados rápidos ou é também a capacidade de colaborar com os colegas, de inovar e de contribuir para um ambiente de trabalho mais saudável? Em uma grande consultoria, por exemplo, a mudança das métricas de avaliação de performance foi crucial.

Antes, apenas o número de horas trabalhadas e a quantidade de projetos entregues eram valorizados. Hoje, são levados em conta critérios como a participação em iniciativas de inclusão e o feedback dos colegas sobre a capacidade de colaborar em equipe. Essa mudança trouxe uma transformação significativa na cultura da empresa, tornando-a um lugar mais acolhedor e capaz de atrair talentos que, antes, se sentiam desconfortáveis nesse tipo de ambiente.

As empresas precisam adotar uma perspectiva mais sustentável sobre os negócios, colocando as pessoas no centro das decisões. São os colaboradores que movem as engrenagens da empresa e, sem um olhar atento para o bem-estar deles, qualquer ganho a curto prazo será apenas uma vitória momentânea, fadada a se perder quando a saúde mental e a satisfação caírem. Esse pensamento foi o que guiou uma empresa de varejo global a revisar os processos de gestão.

A alta rotatividade de funcionários era um problema crônico, e, após ouvir relatos de colaboradores de diferentes áreas, a liderança percebeu que a raiz do problema era a falta de espaço para o diálogo e a pressão desmedida por resultados. Ao instituir sessões regulares de feedback e ajustar as metas de produtividade para incluir momentos de descanso, a empresa não só reduziu a rotatividade como também viu um aumento significativo na satisfação dos clientes.

Um conceito central para essa transformação é a segurança psicológica, termo cunhado por Amy Edmondson. A segurança psicológica se refere à crença de que o ambiente é seguro para a tomada de riscos interpessoais, como expressar opiniões divergentes ou admitir erros. Para grupos minorizados, essa segurança é ainda mais crucial, pois enfrentam, além dos desafios normais de qualquer trabalho, os riscos de discriminação e marginalização. Quando um ambiente de trabalho permite que essas pessoas compartilhem suas experiências e perspectivas sem medo de represálias, é criado um espaço em que a inovação e a empatia podem florescer. Em um projeto de diversidade realizado por uma grande multinacional de alimentos, a criação de um conselho de diversidade que incluía funcionários de todas as áreas e níveis hierárquicos foi um divisor de águas. Ali, os colaboradores podiam compartilhar suas vivências de maneira aberta, ajudando a identificar práticas excludentes e propondo soluções que melhorassem o ambiente para todos.

No contexto antirracista, a segurança psicológica é um elemento essencial para a transformação das culturas organizacionais. Ela permite que pessoas de grupos minorizados não apenas sobrevivam no ambiente corporativo, mas prosperem, trazendo perspectivas únicas para enriquecer a visão da empresa. É nesse espaço de diálogo e de respeito que a verdadeira inovação acontece, e é onde a empresa se torna o reflexo positivo de uma sociedade mais justa e igualitária.

PRÁTICAS PARA PROMOVER O PERTENCIMENTO

Para promover o pertencimento e a segurança psicológica no ambiente de trabalho, as organizações precisam adotar estratégias intencionais e consistentes, com foco na inclusão e na diversidade. Criar um ambiente em que todos os colaboradores se sintam valorizados e seguros para serem quem são requer uma mudança cultural profunda, que vai muito além de campanhas pontuais ou declarações públicas.

É um processo contínuo que precisa ser embutido nas práticas diárias da organização, influenciando desde as decisões da alta liderança até as interações mais informais entre os colegas. Essa transformação não é simples, mas é essencial para que as empresas sejam verdadeiramente inclusivas, produtivas e alinhadas com as práticas antirracistas.

Um ponto de partida fundamental nesse processo é o desenvolvimento de lideranças que sejam ativamente comprometidas com a diversidade. Não basta que os líderes estejam cientes das questões de discriminação, precisam ser capacitados para compreender as dinâmicas complexas de exclusão e atuar diretamente para transformar essas realidades.

Esses líderes têm o papel de modelar comportamentos inclusivos, criando um ambiente em que cada colaborador se sinta respeitado e valorizado. Um exemplo envolve programas robustos de mentoria voltados especificamente para a promoção de lideranças negras dentro da empresa. Esses programas não apenas ajudam a desenvolver as habilidades técnicas e gerenciais desses profissionais como também proporcionam um espaço seguro em que eles podem discutir as experiências, desafios e aspirações.

Outro exemplo é a criação de uma iniciativa que busca garantir que esses líderes sejam visíveis dentro da organização. Esse esforço de visibilidade é importante porque, ao verem pessoas como eles em posições de destaque, os colaboradores de grupos minorizados se sentem mais motivados a perseguir as próprias ambições, sabendo que é possível alcançar esses espaços.

Contudo, a transformação não pode ficar restrita à alta liderança. Outro pilar essencial para a construção de um ambiente inclusivo é a promoção de diálogos abertos e seguros. As empresas precisam criar espaços nos quais todos os colaboradores, em especial aqueles de grupos historicamente marginalizados, sintam que podem expressar as opiniões, compartilhar experiências e levantar preocupações sem medo de retaliações. Esses espaços de diálogo são fundamentais para criar uma cultura de confiança e pertencimento, na qual as vozes de todos são ouvidas e consideradas.

A criação de ambientes de diálogo, no entanto, precisa ser acompanhada por políticas de inclusão e diversidade claras e bem estruturadas. Sem políticas consistentes, as boas intenções podem facilmente se perder em meio às pressões cotidianas. A implementação dessas políticas requer um compromisso de longo prazo e deve ser integrada à cultura corporativa de forma a garantir que todos os colaboradores tenham acesso às mesmas oportunidades de crescimento e desenvolvimento. A IBM é um exemplo de empresa que tem uma história longa e sólida de comprometimento com a inclusão.

Ainda nos anos 1980, quando poucas empresas mencionavam a diversidade em suas pautas, a IBM foi uma das primeiras a adotar um código de conduta que proibia qualquer tipo de discriminação com base em orientação sexual. Desde então, a empresa tem continuado a ampliar as práticas, criando programas de recrutamento específicos para atrair pessoas de diferentes origens sociais e culturais.

A IBM também implementou grupos de afinidade, nos quais colaboradores de diferentes identidades podem se reunir para discutir experiências e propor mudanças dentro da empresa. Um desses grupos, voltado para funcionários LGBTQIA+, foi fundamental para a implementação de políticas de apoio a transições de gênero, garantindo que todos os colaboradores se sintam acolhidos e respeitados em suas identidades.

A educação continuada e a conscientização são igualmente essenciais nesse processo. Investir em programas de treinamento que abordem temas como sensibilização cultural, competência intercultural e antirracismo pode ser um divisor de águas. Esses programas ajudam a desmantelar preconceitos que muitas vezes passam despercebidos, mas que têm um impacto profundo nas interações diárias.

A Salesforce é um exemplo de empresa que tem liderado nesse aspecto. Além dos treinamentos obrigatórios para todos os funcionários, há o oferecimento de workshops e seminários que abordam a história das desigualdades raciais e de gênero, bem como práticas cotidianas que podem ser adotadas para criar um ambiente de trabalho mais inclusivo. Um dos programas mais bem-sucedidos foi o "Equality Training", que inclui simulações de situações de discriminação no ambiente de trabalho, permitindo que os participantes reflitam sobre como seus comportamentos podem impactar os outros. Esses treinamentos são realizados em intervalos regulares e fazem parte de um compromisso de longo prazo da empresa para criar um espaço em que todos possam se sentir seguros e respeitados.

Para que esses esforços sejam eficazes, eles precisam ser continuamente avaliados e ajustados. Não basta implementar uma política ou realizar um treinamento, é necessário acompanhar os resultados e ouvir o feedback dos colaboradores para garantir que as ações estejam mesmo gerando impacto positivo.

O senso de pertencimento e a segurança psicológica são, assim, elementos fundamentais para construir um ambiente em que cada colaborador sinta que pode ser ele mesmo, expressar as ideias e contribuir de forma plena. Empresas que priorizam esses valores não só beneficiam os colaboradores, criando um espaço mais saudável e acolhedor, como também reforçam o compromisso com a justiça social e a igualdade, posicionando-se como líderes em um mercado cada vez mais atento a essas questões.

A experiência dessas empresas mostra que o caminho para a inclusão é longo, mas recompensador. Ao investir nesses aspectos, as empresas não apenas garantem um ambiente de trabalho melhor para os funcionários, mas também constroem uma reputação positiva junto aos consumidores, que cada vez mais valorizam marcas que refletem os valores da sociedade.

Para gestores e líderes, compreender e implementar estratégias que fortaleçam o senso de pertencimento e a segurança psicológica, sobretudo para pessoas de grupos minorizados, é um passo essencial na construção de uma liderança verdadeiramente antirracista. Quando as empresas se comprometem de forma genuína com essas práticas, elas criam um espaço em que os colaboradores podem florescer. E essa prosperidade não se limita ao ambiente de trabalho, ela se reflete na vida pessoal dos funcionários, que levam essa sensação de valorização e respeito para além das portas do escritório.

A sensação de fazer parte de uma empresa que valoriza sua voz e sua identidade é um fator que transforma a maneira como os colaboradores se relacionam com o trabalho, com os colegas e até mesmo com os familiares e amigos. Ao adotar essas práticas, empresas têm mostrado que é possível unir sucesso financeiro e responsabilidade social, criando um legado positivo que vai além dos números e se reflete no impacto social. Em um mercado cada vez mais consciente, essas empresas se destacam não apenas pelo que produzem, mas por como produzem.

ANALISANDO AS DINÂMICAS ORGANIZACIONAIS

No âmbito da compreensão dos ambientes organizacionais, a análise das dinâmicas relacionais e emocionais entre os colaboradores é de fundamental importância. Essas dinâmicas são formadas não apenas pelas interações diárias, mas também pelas estruturas de poder, pelos valores corporativos e pela forma como a liderança lida com a diversidade e a inclusão. Ao analisar essas relações, é possível identificar padrões que, muitas vezes, passam despercebidos, mas que têm um impacto profundo no bem-estar e na produtividade dos trabalhadores.

Uma análise aprofundada das dinâmicas organizacionais permite que se vá além das funções e responsabilidades atribuídas a cada colaborador. Nesse contexto, a intersecção entre o indivíduo e o ambiente de trabalho revela complexidades que estão diretamente ligadas ao sentimento de pertencimento e à satisfação no trabalho.

Para muitas pessoas, o ambiente de trabalho representa não apenas um meio de sustento financeiro, mas também um espaço de realização pessoal e social. A sensação de fazer parte de uma comunidade, de ter competências e esforços reconhecidos, é uma necessidade fundamental para o ser humano, e a ausência dessa validação pode gerar frustração e desmotivação.

O sentimento de pertencimento emerge como um elemento essencial para a saúde mental dos colaboradores. Quando um indivíduo sente que faz parte de algo maior, que sua identidade é respeitada e suas contribuições são valorizadas, ele tende a se engajar de forma mais genuína com os objetivos da organização. Esse engajamento não se traduz apenas em produtividade como também em criatividade e disposição para inovar.

Para quem deseja analisar as dinâmicas organizacionais da própria empresa, algumas práticas podem ser adotadas para identificar pontos de melhoria. Primeiro, é importante realizar pesquisas de clima organizacional que permitam que os colaboradores expressem as percepções de forma anônima. Isso pode ajudar a identificar questões relacionadas à sensação de pertencimento, à percepção de justiça e ao nível de segurança psicológica no ambiente de trabalho. Um exemplo interessante vem da Natura, que realiza periodicamente esse tipo de pesquisa com os colaboradores. As respostas são analisadas de forma detalhada, e as áreas com índices mais baixos de satisfação são prioritárias na implementação de ações de melhoria. Esse tipo de abordagem permite que a empresa seja mais ágil ao identificar problemas e ao criar soluções que de fato façam a diferença no dia a dia dos funcionários.

Outra prática útil é a realização de grupos focais, nos quais pequenos grupos de colaboradores se reúnem para discutir temas específicos, como a inclusão e a diversidade. Nessas reuniões, é possível ouvir relatos mais aprofundados e compreender os desafios enfrentados por diferentes grupos dentro da empresa. A prática de escuta ativa é fundamental nesse processo, pois permite que a liderança compreenda melhor as necessidades dos colaboradores e crie um ambiente mais acolhedor. No Brasil, a BRF tem utilizado essa abordagem para entender as percepções dos colaboradores em diferentes unidades, garantindo que cada um tenha a oportunidade de ser ouvido e de contribuir para um ambiente de trabalho mais justo e inclusivo.

Além disso, as empresas devem investir em capacitação contínua para suas lideranças, garantindo que gestores estejam preparados para lidar com questões de diversidade e inclusão. Muitas vezes, o problema não está nas políticas da empresa, mas na forma como os gestores interpretam e aplicam essas políticas no dia a dia.

Treinamentos focados em liderança inclusiva, por exemplo, podem ser muitíssimo eficazes para transformar a cultura de uma organização. A Ambev, uma das maiores empresas brasileiras, tem investido em capacitação para os gestores com o objetivo de construir uma cultura de liderança que valorize a diversidade e que promova a equidade de gênero e raça em todas as áreas da empresa.

A análise das dinâmicas organizacionais é, portanto, uma ferramenta poderosa para transformar o ambiente de trabalho em um espaço de inclusão e pertencimento. Quando as empresas conseguem entender as nuances dessas relações e se comprometem a criar um espaço em que todos possam ser quem são, os resultados aparecem em forma de maior engajamento, inovação e de uma cultura organizacional mais forte.

Ao implementar políticas claras de inclusão, criar espaços seguros para o diálogo e investir em treinamento e desenvolvimento, as empresas brasileiras têm a oportunidade de não apenas melhorar o clima interno, mas também de se posicionar como líderes em um mercado cada vez mais consciente das questões de diversidade e responsabilidade social.

Para aqueles que desejam iniciar esse processo nas próprias empresas, uma dica importante é começar pelo simples: ouvir. Criar uma cultura de feedback genuíno e acolher as críticas como oportunidades de melhoria podem ser os primeiros passos para identificar as questões mais urgentes.

Além disso, estabelecer metas de diversidade e inclusão que sejam claras e mensuráveis pode ajudar a direcionar os esforços da empresa. Esses objetivos precisam ser acompanhados de perto, com indicadores de progresso que mostrem se as mudanças estão mesmo gerando os resultados esperados. Em última análise, a promoção de um ambiente organizacional saudável e inclusivo não é apenas uma questão de vantagem competitiva, mas de compromisso ético com o bem-estar e a dignidade de todos que fazem parte da organização.

A longo prazo, investir na análise das dinâmicas organizacionais não só melhora o bem-estar dos colaboradores como também fortalece a resiliência da empresa diante dos desafios do mercado. Quando uma organização entende as necessidades e expectativas dos funcionários, torna-se mais ágil em adaptar as práticas e estratégias, criando um ambiente mais inovador e preparado para lidar com mudanças.

Por exemplo, durante a pandemia, empresas como o Nubank se destacaram ao ajustar rapidamente as práticas de trabalho remoto e intensificar os esforços para manter o sentimento de pertencimento dos colaboradores, mesmo à distância. Eles criaram canais dedicados ao bem-estar e ao diálogo aberto, nos quais os funcionários podiam compartilhar as dificuldades e buscar apoio.

Essa abordagem proativa fez com que a empresa mantivesse altos índices de engajamento, mesmo em um período de grande incerteza, mostrando como a atenção às dinâmicas humanas pode ser um diferencial competitivo.

Por outro lado, a falta de atenção a esses aspectos pode colocar em risco não apenas a saúde dos colaboradores, mas também a sustentabilidade do negócio. Empresas que ignoram o impacto das dinâmicas organizacionais negativas acabam enfrentando problemas como a perda de talentos-chave e o desgaste da imagem pública. Isso é especialmente verdadeiro em tempos de redes sociais, nas quais os relatos de ex-funcionários podem ganhar repercussão e prejudicar a reputação da marca.

No Brasil, vimos exemplos de empresas que enfrentaram crises de imagem após serem acusadas de manter ambientes de trabalho tóxicos e discriminatórios, como ocorreu com algumas grandes varejistas que foram alvo de denúncias por práticas de assédio e racismo. A resposta a essas crises é sempre mais custosa e complexa do que a criação de um ambiente saudável desde o início. Por isso, empresas que desejam prosperar a longo prazo precisam compreender que o cuidado com as dinâmicas organizacionais não é um gasto extra, e sim um investimento estratégico essencial para seu crescimento e relevância no mercado.

Diante desse cenário, fica claro que a compreensão e o cuidado com as dinâmicas organizacionais são pilares fundamentais para o sucesso sustentável de qualquer empresa. As organizações que se dedicam a criar um ambiente de trabalho saudável, inclusivo e acolhedor não apenas garantem a satisfação de seus colaboradores, mas também se posicionam de maneira mais competitiva e inovadora no mercado.

PERSPECTIVAS FUTURAS

A liderança do futuro – e do presente – se aproxima das necessidades da equipe de forma colaborativa e não individualista. Toma para si o compromisso de compreender os desafios de cada colaborador, reconhecendo que, em uma equipe diversa, cada pessoa carrega experiências e perspectivas únicas.

Esse tipo de liderança não apenas responde aos problemas quando eles surgem, mas busca antecipar necessidades e criar um ambiente em que as pessoas se sintam ouvidas e valorizadas. O bom líder do futuro é aquele que, ao alavancar os talentos da equipe, também promove um senso de pertencimento genuíno, fazendo com que cada membro se sinta parte essencial do todo.

Esse papel é fundamental para transformar o ambiente de trabalho em um espaço de segurança e desenvolvimento, onde a inovação pode florescer naturalmente.

Comprometer-se em ter times mentalmente saudáveis e capazes de manter uma comunicação clara e transparente é o caminho para criar uma cultura organizacional resiliente. Nesse contexto, a escalada de problemas para a alta liderança, incluindo pautas de saúde mental e segurança psicológica, se torna um aspecto indispensável nas reuniões de board.

A partir dessa prática, torna-se possível construir um ambiente em que os colaboradores não precisam esconder as vulnerabilidades e em que a liderança atue diretamente nas decisões que impactam o bem-estar de todos. Quando a saúde mental é tratada como uma prioridade estratégica, não apenas como um benefício pontual, os resultados são visíveis. A produtividade cresce, as taxas de absenteísmo diminuem e a cultura da empresa se fortalece, criando um círculo virtuoso no qual o ambiente de trabalho se torna um ativo valioso para a organização.

No entanto, quando a pressão não é regulada e os desafios são ignorados, a exaustão logo se torna um problema endêmico. A sobrecarga de trabalho e a falta de reconhecimento mancham a reputação da empresa como empregadora, afastando talentos e criando abismos geracionais entre a gestão e os novos profissionais que ingressam no mercado. Cada vez mais, as gerações mais jovens valorizam empresas que demonstram uma preocupação real com o bem-estar dos colaboradores. E, nesse cenário, as redes sociais têm desempenhado um papel central ao dar visibilidade a essas questões.

Plataformas como LinkedIn, X e Instagram se tornaram espaços nos quais funcionários compartilham as experiências, tanto positivas quanto negativas, que tiveram com as empresas. Quando histórias de valorização e cuidado ganham destaque, elas ajudam a fortalecer a imagem da organização e a atrair novos talentos. Por outro lado, relatos de ambientes tóxicos ou de falta de suporte ganham repercussão depressa e podem prejudicar a imagem da marca, forçando mudanças rápidas e muitas vezes drásticas.

As redes sociais também têm sido um canal poderoso para a troca de informações sobre práticas inclusivas, ampliando o alcance de boas iniciativas e criando uma pressão positiva para que mais empresas adotem medidas semelhantes.

Além disso, as redes sociais permitem que os próprios colaboradores se organizem em grupos de apoio e afinidade, fortalecendo ainda mais a sensação de pertencimento nas organizações. Um exemplo disso são os grupos de afinidade que se formam em aplicativos de comunicação como o Slack, nos quais colaboradores LGBTQIA+, negros, pessoas com deficiência e outros grupos podem compartilhar experiências e apoiar uns aos outros.

Essas redes internas, muitas vezes incentivadas pelas próprias empresas, ajudam a criar um ambiente em que as vozes que antes eram minoritárias passem a encontrar um espaço seguro para se expressar. Em alguns casos, esses grupos conseguem influenciar diretamente as políticas internas da empresa, propondo novas iniciativas e revisando práticas que antes poderiam ser excludentes.

Olhando para as perspectivas futuras, é evidente que o sucesso das empresas dependerá cada vez mais da capacidade de criar ambientes de trabalho acolhedores e inclusivos, em que todos os colaboradores se sintam parte de algo maior. À medida que o mercado se torna mais consciente da importância do bem-estar emocional e do respeito à diversidade, a expectativa sobre as empresas também cresce. As organizações que conseguirem alinhar a visão de negócios com a promoção de um ambiente de trabalho saudável e inclusivo estarão mais bem posicionadas para enfrentar os desafios de um mercado em constante transformação. Mais do que nunca, as redes sociais se tornarão um termômetro dessas mudanças, refletindo as experiências dos colaboradores e atuando como um farol para que novas práticas sejam adotadas e ajustadas. Nesse cenário, investir em um senso de pertencimento não é apenas uma questão de responsabilidade social, mas uma estratégia fundamental para a sobrevivência e a relevância das empresas no futuro do trabalho.

Conforme avançamos na compreensão do papel do pertencimento e da segurança psicológica nas organizações, é importante também reconhecer as estruturas mais profundas que influenciam as dinâmicas de inclusão e exclusão nos ambientes de trabalho. A criação de um ambiente verdadeiramente acolhedor não pode ignorar os mecanismos históricos e sociais que sustentam a discriminação e as desigualdades.

Isso nos leva a um tema essencial para as discussões sobre diversidade: o pacto da branquitude. No próximo capítulo, abordaremos como esse pacto influencia as relações de poder nas empresas e de que forma ele pode ser desconstruído para abrir espaço a uma inclusão real. Entender esse conceito é crucial para que as organizações possam desafiar padrões enraizados, promovendo uma cultura de pertencimento que vá além das palavras e se torne prática cotidiana.

CAPÍTULO 6

O PACTO DA BRANQUITUDE

"Fala-se muito na herança da escravidão e nos seus impactos negativos para as populações negras, mas quase nunca se fala na herança escravocrata e nos seus impactos positivos para as pessoas brancas."
— Cida Bento, *O pacto da branquitude*

O pacto da branquitude é um conceito poderoso e incômodo, mas essencial para compreendermos as dinâmicas de desigualdade racial que moldam nossa sociedade. Não é um contrato assinado ou um acordo explícito, e sim uma rede de cumplicidade silenciosa que beneficia as pessoas brancas em ambientes nos quais o racismo está profundamente enraizado. Imagine um pacto que não precisa ser dito, apenas praticado, com gestos, decisões e políticas se alinhando para preservar privilégios e reforçar as desigualdades que há séculos estruturam as relações sociais. É como se, de forma quase automática, fosse preservada uma ordem que coloca pessoas brancas em vantagem e mantém as pessoas negras à margem.

Esse pacto se revela de maneira sutil e, muitas vezes, até invisível aos olhos de quem se beneficia dele, mas seus efeitos são bem concretos. Cida Bento, uma referência fundamental no estudo das relações raciais no Brasil, mergulha nessa análise e nos mostra como essa lógica se reproduz nas organizações, criando barreiras que, embora não sejam vistas, limitam o acesso de pessoas negras a oportunidades justas e iguais. Essas barreiras, feitas de práticas aparentemente neutras, são, na verdade, sustentáculos de uma estrutura que perpetua a supremacia branca e mantém as portas fechadas para muitos. É nesse cenário que o pacto da branquitude se torna uma chave para desvendar as engrenagens da desigualdade, revelando como o racismo se mantém, mesmo quando não é diretamente nomeado.

O PACTO DA BRANQUITUDE CORPORATIVO

Engana-se quem pensa que o pacto da branquitude se limita à esfera pessoal, como se suas consequências não ultrapassassem as fronteiras das relações individuais e cotidianas. Na verdade, estende-se de forma marcante ao mundo corporativo, influenciando decisões, dinâmicas de poder e oportunidades dentro das empresas.

Já entendemos que é impossível separar a vida pessoal do ambiente de trabalho quando se trata de questões raciais, pois os mesmos preconceitos, privilégios e exclusões que vemos nas interações sociais se refletem nas práticas e culturas organizacionais. As barreiras que limitam o crescimento de pessoas negras no mercado de trabalho são, muitas vezes, desdobramentos diretos desse pacto, revelando que as estruturas de poder estão tão presentes nas empresas quanto nas ruas.

Dentro das organizações, o pacto da branquitude se manifesta de forma insidiosa e multifacetada, refletindo-se em padrões de exclusão que, muitas vezes, passam despercebidos por quem se beneficia deles. A distribuição desigual de poder, por exemplo, não é apenas uma questão de quem ocupa os cargos de liderança, mas de quem tem voz, cujas ideias são ouvidas e levadas em consideração.

A falta de representatividade negra em posições de decisão é um sintoma visível desse desequilíbrio, assim como as microagressões cotidianas – comentários, olhares, atitudes – que profissionais negros enfrentam. Esses pequenos atos, acumulados ao longo do tempo, criam um ambiente hostil e limitam as possibilidades de crescimento e reconhecimento.

O efeito desse pacto é profundo: não só limita as oportunidades de ascensão e desenvolvimento para indivíduos negros como também impede que as organizações colham os benefícios de um ambiente verdadeiramente diverso e inclusivo. Empresas que se mantêm reféns dessas práticas acabam por perder uma riqueza de talentos, perspectivas e inovações que poderiam transformar sua cultura e seu desempenho. Afinal, a diversidade vai muito além de um slogan ou de uma campanha de marketing, só se torna real quando reflete em práticas diárias e na forma como se constrói o espaço de trabalho.

Romper com esse pacto dentro das organizações não é uma tarefa simples, e muito menos rápida. É preciso um compromisso ativo e contínuo com a mudança, que começa com o reconhecimento e a crítica das estruturas de poder vigentes. Isso envolve a adoção de políticas e práticas que não apenas incentivem a diversidade, mas que garantam que todos tenham acesso igualitário às mesmas oportunidades e que suas vozes sejam ouvidas. Treinamentos sobre vieses inconscientes, programas de mentoria para profissionais negros e transparência nos processos de promoção e contratação são alguns dos passos concretos para reverter esse cenário.

O que de fato chama atenção ao observarmos o problema da discriminação racial é a frieza dos números: os dados não mentem e nos mostram uma questão que não só persiste ao longo dos anos, mas se repete em um ciclo quase imutável. Mesmo diante de iniciativas para promover a igualdade, com frequência o que falta é uma compreensão profunda de como esses esforços ainda se inserem em um sistema mais amplo de racismo estrutural. As pessoas reconhecem que há desigualdade, mas muitas vezes não fazem a conexão entre essas desigualdades e os mecanismos de discriminação que sustentam o status quo. E essa desconexão é, na verdade, um dos primeiros sinais do que chamamos de branquitude: a dificuldade de perceber o próprio privilégio e o papel que se ocupa na perpetuação de um sistema excludente. É essa tomada de consciência que deve ser o ponto de partida para qualquer mudança real.

O SILÊNCIO FAVORÁVEL

> "É urgente fazer falar o silêncio, refletir e debater essa herança marcada por expropriação, violência e brutalidade para não condenarmos a sociedade a repetir indefinidamente atos anti-humanitários similares."
> — Cida Bento, *O pacto da branquitude*

Muitas vezes, quando falamos de racismo e desigualdade, ouvimos que o problema está no passado, que é apenas um resquício do período escravocrata, como se fosse um capítulo já encerrado e distante. Esse argumento serve como uma cortina de fumaça para evitar discussões mais profundas sobre as responsabilidades atuais. Ao tratar o racismo como algo apenas histórico, desloca-se a conversa para um tempo distante, ignorando como esse passado molda as relações de poder e desigualdade até os dias de hoje.

É como se a sociedade quisesse acreditar que, por ser um problema antigo, já está superado, eximindo os brancos contemporâneos de qualquer responsabilidade. Esse movimento é muitíssimo conveniente para aqueles que se beneficiam do pacto da branquitude, pois mantém o foco longe das vantagens e dos privilégios que ainda persistem.

Essa escolha de não focar os brancos e suas vantagens, intencional ou não, é uma forma de evitar um confronto com as várias camadas de privilégios dos quais desfrutam. Essas camadas se manifestam de maneiras sutis, mas poderosas, seja no acesso a oportunidades, na forma como são percebidos na sociedade, ou mesmo no direito de não serem confrontados com questões raciais. E o silêncio, nesse contexto, é muito útil para quem faz parte do pacto, porque ele ajuda a manter intactas as dinâmicas de poder. Ao não falar do racismo presente, ao insistir que é uma questão que pertence ao passado, as desigualdades atuais permanecem sem serem questionadas.

Mesmo quando um indivíduo branco se encontra em uma situação de vulnerabilidade econômica, o fato de ser branco ainda lhe concede um privilégio simbólico que o coloca em uma posição de vantagem em relação a uma pessoa negra nas mesmas condições. Esse privilégio pode ser invisível para quem o possui, mas faz uma diferença significativa no modo como a pessoa é tratada, percebida e no acesso que tem a certos espaços e oportunidades. A própria percepção de que seu "fardo" é menor diante da sociedade já é uma forma de vantagem. É por isso que entender o racismo como algo que vai além do passado e que se reflete nos privilégios do presente é crucial para qualquer tentativa de mudança real e duradoura.

A QUESTÃO DA CLASSE SOCIAL

A estratégia de empurrar a discussão sobre o racismo para a questão de classe social é uma tentativa de escapar da responsabilidade, uma forma de fingir que o problema é simples, quando na verdade é bem mais complexo. É como dizer que a pobreza é o grande problema e que, se resolvermos isso, tudo o mais se ajeita. Só que essa visão só toca a superfície, ignorando algo fundamental: os números mostram que, nos últimos vinte anos, mesmo entre os mais pobres, as pessoas negras ainda estão em uma situação muito pior que as brancas.

E isso não é só uma impressão, mas uma realidade que aparece em qualquer estudo sério: indicadores de saúde, educação, emprego – em todos eles, os negros saem em desvantagem. No Brasil, a pobreza tem cor, e essa cor é negra. Quem acompanha o debate sabe disso muito bem, mas para muitos é mais conveniente manter essa conversa escondida debaixo do tapete.

Quando a discussão fica restrita à classe social, não explica toda a história. Na verdade, essa abordagem acaba desviando o olhar de algo muito importante: a herança que a escravidão deixou para os brancos. Não se trata apenas dos entrevistados das pesquisas ou de alguns discursos políticos, e sim de uma narrativa que o país inteiro insiste em evitar.

Falar do papel dos brancos na história do Brasil seria admitir que eles ainda se beneficiam desse passado, seja em vantagens reais, como tendo maior acesso a oportunidades, ou em privilégios simbólicos, como ao serem tratados de forma mais positiva por instituições e pela sociedade. E é exatamente esse silêncio que preserva essas vantagens, porque enquanto ninguém fala do que os brancos ganharam com esse legado, ninguém precisa se responsabilizar, ninguém precisa pensar em reparação.

Sim, é verdade que existem brancos desempregados no Brasil, passando por dificuldades assim como os negros. Contudo, quando o assunto é racismo e desigualdade, há muito mais em jogo do que só estar sem trabalho. A questão não é apenas quem está desempregado, mas quem tem acesso às melhores oportunidades e quem é sistematicamente excluído.

Afinal, ainda que haja brancos pobres, quando olhamos para os cargos mais altos, seja nas empresas, universidades ou no governo, a cor predominante é sempre a mesma. A presença de brancos em situação de vulnerabilidade não anula o fato de que há uma barreira invisível que impede a ascensão dos negros aos postos de maior poder e influência.

Esse silêncio sobre como o poder e o dinheiro são distribuídos no Brasil não é por acaso – é uma forma de manter o status quo. Ao não falar disso, não há necessidade de explicar porque negros ainda estão em desvantagem, de pensar em políticas de reparação, ou de reconhecer que talvez fosse preciso redistribuir um pouco dos privilégios. E, é claro, não estamos falando só de dinheiro, embora isso também faça uma diferença tremenda.

Quando se propõem políticas para corrigir as desigualdades históricas, muitos as taxam de "assistencialismo", como se fossem uma ameaça à estabilidade dos brancos, como se essas políticas fossem tirar algo de quem já tem. Esse medo, no fundo, é o receio de perder o controle de um poder que sempre foi mantido às custas da exclusão de outros. A verdade é que não dá para falar de desigualdade sem olhar para quem tem segurado as rédeas e para quem tem sido deixado de lado. É uma conversa que precisa ser franca, sem as desculpas que, por tanto tempo, só serviram para preservar o conforto de quem está no topo.

POLÍTICAS PÚBLICAS E O CONCEITO DE RAÇA

Quando falamos do pacto da branquitude, é impossível ignorar a importância das políticas públicas. São ferramentas fundamentais para enfrentar as desigualdades que estruturam nossa sociedade e, ao mesmo tempo, para revelar como essas mesmas desigualdades são mantidas. Se quisermos mesmo lidar com o pacto que favorece os brancos, temos que discutir como as políticas públicas podem e devem ser direcionadas para corrigir injustiças históricas e abrir oportunidades reais para as pessoas negras. Esse debate é central porque, na prática, políticas públicas bem desenhadas são uma forma de questionar o status quo e de abrir espaço para um acesso mais equitativo aos recursos e direitos.

As políticas públicas são desenhadas para apoiar aqueles que historicamente foram excluídos, tanto em um sentido real – como o acesso a emprego, moradia e educação – quanto no simbólico, garantindo reconhecimento e dignidade. Só que quando a discussão se volta para questões raciais, bate de frente com interesses de grupos que se beneficiam desse sistema. Não estamos falando de simples concessões de direitos, mas de um campo de disputas em que as elites procuram manter seu poder e influência, resistindo a qualquer mudança que possa ameaçar a posição privilegiada que ocupam. E não se trata apenas de garantir acesso a bens materiais como também de um reconhecimento social que valorize a identidade e a história dos grupos marginalizados.

Por outro lado, ter uma imagem positiva do próprio grupo social é algo importante para todas as pessoas. É natural buscar uma narrativa que valorize a própria identidade, que dê sentido ao senso de pertencimento e à autoestima. Para os brancos, essa imagem positiva está associada a uma história que quase nunca questiona seu papel na perpetuação das desigualdades. E a maioria das pessoas brancas em pesquisas admite que ser branco traz vantagens, mesmo que, muitas vezes, não saibam explicar exatamente quais são. Esse reconhecimento, embora muitas vezes tímido, revela que a branquitude oferece um benefício simbólico que facilita a vida em uma sociedade marcada pelo racismo.

Esse benefício, tanto no campo simbólico quanto no material, é uma razão forte para muitas pessoas brancas evitarem uma discussão franca sobre o próprio papel nas desigualdades raciais do Brasil. Reconhecer que há vantagens em ser branco significa abrir mão do conforto de achar que as oportunidades são distribuídas de forma justa. E ficar em silêncio sobre isso é uma forma de autoproteção: mantém os privilégios intocados, evita que se questionem as estruturas de poder e ainda afasta a responsabilidade de promover mudanças. Essa postura protege os interesses do grupo branco e assegura que as dinâmicas de poder continuem como estão, sem grandes ameaças.

A branquitude é, portanto, uma realidade complexa e multifacetada que permeia todos os aspectos da sociedade, envolvendo tanto dimensões sociais quanto psicológicas profundas.

Para as pessoas negras, essa estrutura de poder é sentida no dia a dia, nas pequenas e grandes exclusões que enfrentam e nas barreiras invisíveis que limitam suas oportunidades. Já para os brancos, a branquitude muitas vezes se torna algo tão natural que passa despercebida, criando um silêncio em torno das questões raciais. Esse silêncio, que é frequentemente visto como um tabu ou uma fonte de desconforto, perpetua o status quo, afastando as discussões necessárias sobre raça e suas implicações.

A questão racial não é apenas uma questão de diferenças entre grupos, e sim de hierarquias, nas quais os brancos ocupam uma posição de privilégio, que moldam as oportunidades de vida, o acesso a recursos e o reconhecimento social. Refletem uma estrutura de poder que, ao beneficiar pessoas brancas, marginaliza e exclui os negros, perpetuando desigualdades profundas. E embora essas fronteiras raciais pareçam fixas, elas são, na verdade, complexas e contraditórias, porque a identidade racial é constantemente negociada e redefinida. Compreender essa dinâmica e discutir como transformá-la é um passo essencial para avançar em direção a uma sociedade mais justa e igualitária. É por isso que as políticas públicas são tão fundamentais: representam a chance de redesenhar essas fronteiras, de abrir portas e de corrigir um passado que ainda reverbera fortemente no presente.

O PERIGO DA SUPREMACIA BRANCA

Quando olhamos para o pacto da branquitude e sua relação com as políticas públicas, fica claro que estamos lidando com um sistema que vai muito além das questões de classe e das desigualdades econômicas: estamos falando de um mecanismo que perpetua a supremacia branca. Essa supremacia é o alicerce do pacto, sustentada por uma série de crenças e práticas que colocam os brancos no topo de uma hierarquia racial. Manifesta-se nas ações explícitas de discriminação e também na forma como as instituições foram estruturadas para beneficiar um grupo em detrimento de outros. Assim, a supremacia branca não é apenas uma questão histórica, é um fenômeno que se atualiza constantemente, garantindo que as barreiras à ascensão de pessoas negras sejam mantidas.

A supremacia branca é reforçada cada vez que políticas públicas são desenhadas sem considerar as desigualdades raciais ou quando tentativas de reparação são rotuladas como "ameaças" ou "assistencialismo". Esse discurso é uma forma de proteger a ideia de que a sociedade é meritocrática, ignorando o peso das heranças raciais que ainda existem. Ao tratar a luta por igualdade como uma afronta à ordem social, os defensores dessa visão mantêm as estruturas de poder intactas, impedindo que os privilégios sejam questionados ou redistribuídos. É assim que a supremacia branca se perpetua: não só por meio de ações explícitas, mas sobretudo pela manutenção de um status quo que beneficia um grupo em silêncio, enquanto as discussões sobre desigualdade ficam restritas a uma visão superficial de justiça e igualdade.

A supremacia branca, que transcende as divisões de classe social, é uma ideologia profundamente enraizada que sustenta a crença na superioridade dos brancos e permeia as práticas sociais, culturais e institucionais. Essa crença influencia desde decisões políticas até interações cotidianas, moldando como a sociedade se organiza e como as pessoas veem umas às outras. Embora negros e brancos convivam lado a lado em muitos espaços no Brasil, essa convivência é marcada por uma integração racial incompleta, repleta de tensões, barreiras invisíveis e desigualdades persistentes. Para muitas pessoas brancas, essas desigualdades podem parecer invisíveis ou são tratadas como uma questão desconfortável, algo que preferem não discutir, o que acaba por perpetuar um silêncio que favorece a manutenção do status quo.

Essa separação racial vai além do espaço físico, limita a capacidade de empatia e aprendizado mútuo, impedindo que as pessoas se vejam genuinamente como iguais, mas diferentes. A convivência, mesmo quando superficial, raramente promove um entendimento profundo das realidades vividas por pessoas negras. Isso faz com que, muitas vezes, as histórias e as dificuldades de indivíduos negros sejam vistas como distantes ou até mesmo questionadas e desacreditadas por aqueles que nunca precisaram enfrentar essas barreiras. Além disso, quando pessoas negras conseguem alcançar níveis de sucesso e visibilidade comparáveis aos dos pares brancos, suas conquistas são frequentemente recebidas com desconfiança, sendo vistas como uma tentativa de se destacar demais, em vez de serem reconhecidas como um reflexo de esforço e talento. Esse tipo de reação revela que a sociedade ainda não está preparada para lidar com a ideia de uma verdadeira igualdade, com as diferenças sendo respeitadas e os méritos, reconhecidos.

No fundo, existe um "acordo tácito" na sociedade brasileira, uma tendência a evitar qualquer discussão profunda sobre o racismo e suas consequências. Esse pacto silencioso funciona como um consenso velado de que as desigualdades raciais são um problema dos negros e que, de alguma forma, os brancos não têm responsabilidade sobre elas. Esse acordo implícito contribui para que muitos ignorem ou minimizem as barreiras que ainda existem para a população negra, preferindo enxergar o racismo como algo superado ou pontual, em vez de reconhecerem que está entranhado nas estruturas sociais. O silêncio coletivo não apenas perpetua as desigualdades, mas também impede que ocorra um verdadeiro processo de transformação social, no qual todos consigam enxergar e questionar as bases que sustentam a supremacia branca no Brasil.

Enquanto esse silêncio não for rompido, as discussões sobre branquitude, privilégio e racismo continuarão sendo vistas como um incômodo, uma ferida em que ninguém quer mexer. Entretanto, para que a sociedade avance, é necessário que haja um esforço consciente que desafie esse pacto e traga à tona as conversas difíceis. É preciso que os privilégios sejam reconhecidos, que as histórias dos que sempre foram marginalizados sejam ouvidas e que o peso da história não seja mais colocado apenas nos ombros de quem sofre com as consequências, e sim compartilhado por todos, na busca de uma realidade mais justa e igualitária.

ROMPENDO O SILÊNCIO

Ao mesmo tempo, em um nível mais profundo, esse silêncio sobre questões raciais é sustentado por mecanismos psicológicos e sociais que muitas vezes passam despercebidos. As pessoas formam alianças, pactos e contratos inconscientes que as unem em torno de interesses comuns, que vão além da própria consciência individual. Esses acordos silenciosos ajudam a manter certas ideias e percepções fora da discussão, em principal aquelas que podem ameaçar os privilégios ou o status social de um grupo. Em outras palavras, há uma tendência a reprimir e excluir dos debates qualquer tema que possa desafiar a posição de poder dos grupos que dominam o espaço social e econômico. Esse silêncio protege a sensação de estabilidade e controle, tornando desnecessário um confronto com as questões que poderiam desestabilizar a ordem existente.

Essa dinâmica é especialmente evidente quando falamos de privilégio racial. Muitas vezes, as pessoas hesitam em reconhecer os privilégios de que desfrutam, preferindo atribuir as conquistas e posições de destaque exclusivamente a esforço e competência próprios. Quando confrontadas com as desigualdades raciais, é comum que transfiram a responsabilidade para os próprios negros, atribuindo as diferenças a "falta de mérito" ou "esforço insuficiente", em vez de enxergar as vantagens sistêmicas que continuam a beneficiar os brancos. Isso se traduz em uma resistência a qualquer discussão que sugira a redistribuição de poder ou que questione a narrativa de uma sociedade meritocrática. No fundo, o medo de perder privilégios é uma força que atravessa gerações e acompanha a história do Brasil, intensificando-se cada vez que as pessoas negras começam a ocupar espaços tradicionalmente dominados pelos brancos ou quando se tornam maioria em determinados contextos.

Para romper esse ciclo de silêncio e promover mudanças significativas, as empresas têm um papel fundamental a desempenhar. Uma abordagem prática para começar é criar espaços seguros em que todos possam discutir abertamente as questões raciais sem medo de retaliação ou julgamento. Treinamentos e workshops sobre vieses inconscientes são essenciais, mas não devem ser tratados como uma solução única ou definitiva. Precisam ser acompanhados de conversas contínuas e sinceras sobre os privilégios que existem dentro da própria organização e de uma análise crítica das práticas de contratação e promoção. Além disso, criar políticas de mentoria específicas para profissionais negros, garantindo que tenham acesso a oportunidades de desenvolvimento e crescimento dentro da empresa, é uma forma concreta de diminuir a disparidade de representação em cargos de liderança.

Outra medida importante é a transparência nos processos de recrutamento e progressão de carreira. As empresas podem adotar metas claras para a diversidade acompanhadas de relatórios anuais que mostrem os avanços e as áreas que ainda precisam de melhorias. Implementar avaliações de desempenho que considerem não apenas a produtividade, mas também o compromisso dos gestores e líderes com diversidade e inclusão, ajuda a criar uma cultura que valoriza o crescimento de todos os colaboradores. Além disso, formar comitês internos com a participação de diferentes grupos raciais pode ajudar a identificar barreiras invisíveis que dificultam a ascensão de profissionais negros e propor soluções práticas para enfrentá-las.

Essas ações, no entanto, só terão impacto se vierem acompanhadas de um compromisso genuíno com a mudança. É necessário que os líderes estejam dispostos a ouvir e a aprender com as experiências dos profissionais negros, reconhecendo que a inclusão não se trata de uma concessão, e sim da correção de um desequilíbrio histórico. E mais do que isso, é preciso um reconhecimento de que essa transformação pode ser desconfortável para muitos que têm medo de perder os privilégios que sempre tiveram, mas é fundamental para construir um ambiente de trabalho justo e equitativo.

Para quem busca uma compreensão mais profunda sobre essa temática, a leitura de *O pacto da branquitude*, de Cida Bento, é essencial. O livro oferece uma análise detalhada sobre como esse pacto opera e por que é tão difícil de ser quebrado, fornecendo um ponto de partida poderoso para aqueles que desejam enfrentar as complexas dinâmicas raciais da nossa sociedade.

Romper o pacto da branquitude exige mais do que boas intenções ou discursos inspiradores, é um processo que requer esforço contínuo, autocrítica e uma disposição genuína para desafiar o que antes era considerado normal. É preciso olhar para dentro das instituições e reconhecer que a cultura de silêncio sobre as desigualdades raciais só serve para perpetuar um sistema que privilegia alguns em detrimento de muitos. É necessário admitir que, enquanto esse pacto se mantiver, não importa quantas campanhas de diversidade sejam lançadas, a estrutura que favorece os mesmos grupos permanecerá de pé. A mudança, portanto, começa quando reconhecemos que todos, sobretudo aqueles em posições de poder, têm um papel na desconstrução dessa dinâmica.

As transformações que buscamos não serão fáceis nem rápidas. Muitas empresas e instituições terão que reavaliar as práticas, repensar as políticas e, em alguns casos, até enfrentar resistências internas de colaboradores que não entendem ou aceitam a necessidade de mudança. Só que esse desconforto faz parte do processo de crescimento. Quando confrontados com a necessidade de criar um ambiente de trabalho mais justo, é comum que alguns se sintam ameaçados, temendo perder algo no caminho. Contudo, a verdade é que todos ganham em uma sociedade na qual as oportunidades são mais equilibradas e em que cada pessoa, independentemente da cor da pele, pode ser valorizada pelas capacidades e pelo potencial.

No final, romper o silêncio e enfrentar as desigualdades raciais é uma questão de justiça e, sobretudo, de reconhecer a humanidade em todos. As empresas que se comprometem com essa jornada podem se tornar pioneiras em criar ambientes de trabalho em que a diversidade não é apenas um número em um relatório, mas uma realidade vivida diariamente. Ao abraçar a diversidade de maneira autêntica, podem transformar suas culturas internas, tornando-se mais inovadoras, adaptáveis e inclusivas. E, mais importante ainda, podem contribuir de maneira significativa com uma sociedade que ainda luta para se livrar das amarras de um passado desigual. É sobre criar espaços nos quais todos possam sonhar e concretizar em igualdade de condições.

No capítulo final deste livro, vamos nos aprofundar em como implementar essas mudanças de maneira prática e efetiva. Vamos discutir estratégias para a criação de políticas de inclusão que vão além do discurso e de fato fazem a diferença no dia a dia das empresas. Falaremos sobre como monitorar e ajustar continuamente essas políticas, garantindo que a transformação não seja apenas um projeto temporário, e sim parte integrante da cultura organizacional. A ideia é que cada leitor, ao chegar ao fim, esteja não só mais consciente das desigualdades que moldam nossa sociedade, mas também preparado para agir, seja em uma grande empresa ou no ambiente de trabalho cotidiano, contribuindo para um futuro em que o silêncio e a exclusão já não tenham lugar.

VOZES DA REALIDADE: **RELATOS QUE MARCAM**

Era 2007, um ano de mudanças e adaptações. Eu tinha acabado de conseguir emprego em uma empresa na Faria Lima, aquele pedaço sofisticado da cidade onde tudo parecia ser mais rápido, onde a pressão para se encaixar era constante. Naquela época, eu usava permanente afro para "soltar" os cachos. Sempre adorei meus cachos definidos, aquela textura que me fazia sentir mais eu mesma. Porém, em um desses processos de química, tudo deu errado. Meu cabelo começou a enfraquecer e certo dia ele só quebrou, um corte químico que deixou minha autoestima no chão.

Fiquei apavorada. A última coisa que eu queria era que meus novos colegas de trabalho percebessem o que estava acontecendo, principalmente em um ambiente que eu ainda estava tentando entender. Eu não queria ser notada pelas razões erradas. Então, para esconder o estrago, decidi fazer escova. O cabelo ficava liso, alinhado, um jeito de mascarar a fragilidade dos fios e, no fundo, um jeito de tentar me encaixar naquele lugar onde todos pareciam tão à vontade com as próprias regras. Quando entrei no escritório pela primeira vez com o cabelo liso, fui recebida por um comentário do meu diretor: "Nossa, seu cabelo está muito bom! Ficou bem melhor agora".

Naquele momento, sorri e agradeci, sentindo um alívio misturado com uma pontada de orgulho. Achei que aquele comentário significava que eu estava me adaptando bem ao novo ambiente, que, de alguma forma, estava sendo aceita. A ideia de que estava ganhando um lugar em meio àquele universo tão diferente do que eu conhecia me parecia importante. Entretanto, com o passar dos anos, fui descobrindo que o preço daquela adaptação era muito alto, e que aquele "elogio" trazia uma mensagem escondida.

Foi só depois de muito tempo, quando comecei a entender e aceitar minha identidade como mulher negra, que percebi que aquele comentário era um reflexo do "pacto da branquitude". Um pacto que se manifesta nos lugares onde a normatividade branca dita o que é considerado "bom" ou "melhor". Naquela frase do meu diretor, havia um silêncio implícito, um não dito que carregava a ideia de que meu cabelo natural, aquele que sempre amei, não era adequado para aquele ambiente. O "ficou bem melhor agora" era uma forma sutil de reforçar que eu só seria bem-vinda ali se deixasse de lado a minha essência, adaptando-me aos padrões que eram impostos como sendo os corretos. Entendi, então, que aquele "elogio" era, na verdade, a manifestação daquilo que o pacto da branquitude faz tão bem: silenciar e invisibilizar o que foge ao padrão, ao mesmo tempo que recompensa aqueles que se moldam a ele. Na verdade, não era eu que precisava me encaixar ou mudar, era o mundo ao redor que precisava desafiar as próprias regras e questionar os privilégios que mantém.

CAPÍTULO 7

PARA ALÉM DA TEORIA – IMPLEMENTANDO MUDANÇAS

"Todo grande sonho começa com um sonhador. Lembre-se sempre, você tem dentro de você a força, a paciência e a paixão para alcançar as estrelas, para mudar o mundo."
— Harriet Tubman

Neste capítulo, vamos falar do momento em que a teoria encontra a prática. Depois de entender o que é o racismo estrutural e como afeta as empresas, é hora de agir. Não adianta apenas conhecer os conceitos e perceber os problemas se isso não se traduz em mudanças concretas dentro da organização. Aqui, a proposta é ser direta, sem rodeios, oferecendo orientações que possam ser implementadas desde já para transformar o ambiente corporativo em um espaço mais justo e inclusivo. Pense neste capítulo como um guia prático para quem está decidido a transformar palavras em ações e quer resultados tangíveis.

Talvez você esteja se perguntando por onde começar e como garantir que os passos certos sejam dados nessa jornada. A boa notícia é que, embora a transformação possa parecer desafiadora, é completamente possível com o compromisso certo e algumas ações estratégicas.

Ao longo deste capítulo, vamos abordar práticas que têm o poder de alterar não só o ambiente de trabalho como também a maneira que sua empresa se posiciona no mercado e interage com a sociedade. A ideia é que cada dica apresentada aqui ajude a construir uma cultura organizacional que valorize verdadeiramente a diversidade e a inclusão, criando um espaço em que cada colaborador possa se sentir acolhido e respeitado.

Agora que você já entende o que é racismo estrutural e está decidido a promover mudanças, vamos direto às ações práticas que podem transformar a sua empresa em um espaço mais inclusivo e justo. Não se trata de seguir um checklist para cumprir metas, mas de adotar práticas que, de fato, impactem a cultura organizacional. Aqui estão dez passos que você pode começar a implementar hoje mesmo para tornar sua empresa antirracista.

Primeiro, é fundamental investir em programas de letramento racial e cultural para todos os colaboradores. Contudo, não pense em algo pontual, como uma única palestra de conscientização. A ideia é criar uma rotina de aprendizado contínuo, na qual todos, desde a alta liderança até a base da organização, sejam incentivados a entender as experiências de grupos marginalizados e a refletir sobre as próprias práticas. Esses treinamentos devem ser periódicos e adaptados à realidade da empresa, garantindo que a inclusão e a diversidade sejam temas permanentes nas conversas.

No segundo passo, é necessário revisar e ajustar os processos de recrutamento e promoção. Como isso pode ser feito? Comece por analisar os critérios de contratação: eles favorecem, ainda que indiretamente, um determinado perfil? Muitas vezes, os processos de seleção são desenhados de forma a valorizar experiências a que pessoas negras e de outros grupos sub-representados têm menos acesso, como cursos específicos ou formações em instituições de prestígio. Uma dica prática é criar comitês de diversidade para revisar as etapas de seleção e implementar a análise às cegas de currículos nas primeiras fases. Isso ajuda a garantir que o foco esteja nas habilidades e não em vieses inconscientes.

A terceira ação é criar canais de denúncia que sejam seguros e anônimos para colaboradores que enfrentem situações de discriminação ou preconceito. Mas lembre-se: não basta apenas criar o canal, é preciso garantir que as denúncias sejam levadas a sério e tratadas com o máximo rigor. A transparência nesse processo é essencial para que todos os colaboradores se sintam seguros em compartilhar as experiências, sabendo que terão apoio e que as situações serão resolvidas de forma justa.

A quarta iniciativa prática é estabelecer metas claras de diversidade e monitorá-las de perto. Pense nisso como um compromisso público que a empresa faz e que precisa ser acompanhado de resultados concretos. As metas não devem ser vistas como uma obrigação, mas como um norte para garantir que as ações de inclusão estejam sendo eficazes. Acompanhe esses números e ajuste as estratégias conforme necessário, garantindo que reflitam a realidade e não apenas um desejo.

E por falar em metas, a quinta prática é garantir que a diversidade esteja presente nas lideranças. Não adianta muito ter um time de base diverso se nos cargos de chefia a realidade é outra. Isso significa dar oportunidades para que pessoas negras e de outros grupos sub-representados possam acessar essas posições e, mais do que isso, se sentir à vontade para exercerem as funções de forma plena. Lembre-se de que a representatividade nas lideranças inspira e cria um ambiente mais acolhedor para todos.

A sexta dica é fomentar uma comunicação inclusiva em todas as frentes da empresa, tanto para o público interno quanto para o externo. Isso vai muito além de escolher bem as palavras. É preciso que a comunicação seja um reflexo das práticas inclusivas da empresa. Seja nas campanhas publicitárias, nos materiais internos ou nas redes sociais, é importante que a diversidade esteja presente de forma autêntica e respeitosa. Isso não só fortalece a imagem da empresa como também ajuda a criar uma cultura de respeito no ambiente de trabalho.

Já o sétimo passo envolve oferecer programas de mentoria direcionados para grupos minorizados. Se você quer mesmo ver as pessoas crescendo na empresa, é fundamental oferecer orientação e apoio contínuo. A mentoria é uma excelente forma de ajudar colaboradores negros a desenvolverem habilidades e traçarem caminhos de carreira dentro da empresa, além de fornecer uma rede de apoio que pode ser crucial para o crescimento profissional.

E aqui vai a oitava prática: promova uma cultura de feedback aberto e construtivo. Isso não quer dizer que todos precisam concordar o tempo todo, mas sim que os colaboradores devem se sentir à vontade para expressar as opiniões e sugestões sobre temas de diversidade e inclusão. A troca de ideias deve ser incentivada e valorizada, criando um espaço em que as pessoas se sintam confortáveis para compartilhar percepções sem medo de retaliações.

O nono passo é incorporar a diversidade como um dos pilares do planejamento estratégico da empresa. Isso significa que as ações de inclusão não podem ser apenas iniciativas isoladas, mas devem fazer parte das metas e do planejamento a longo prazo. Avalie como cada decisão de negócio pode ser mais inclusiva, desde o desenvolvimento de novos produtos até a forma como os serviços são oferecidos. Incluir a diversidade no planejamento estratégico ajuda a garantir que ela seja vista como um valor essencial, e não como um apêndice.

E, por último, mas não menos importante, faça uma revisão constante do ambiente organizacional. Isso inclui ouvir ativamente os colaboradores e entender o que pode ser melhorado. Realize pesquisas internas, promova rodas de conversa e esteja aberto para ajustar as práticas de acordo com os feedbacks recebidos. Esse processo contínuo de autoanálise é o que vai garantir que as mudanças sejam sustentáveis ao longo do tempo.

Essas diretrizes são mais do que simples sugestões: são convites para que você, como liderança ou colaborador, possa transformar a empresa em um espaço em que a equidade racial seja real e em que cada pessoa se sinta valorizada por ser quem é. Implementar essas ações pode parecer desafiador, mas o impacto que podem gerar é imenso. Afinal, criar uma empresa antirracista é, antes de tudo, um compromisso com a construção de um futuro melhor para todos. E a boa notícia é que, com essas práticas em mente, você já deu o primeiro passo. Agora é hora de agir.

Chegando ao final deste capítulo, quero reforçar que implementar mudanças não é um processo instantâneo. É um caminho de constante aprendizado, ajustes e comprometimento. Entretanto, cada passo dado nessa direção faz toda a diferença, tanto para os colaboradores, que encontrarão um ambiente mais acolhedor, quanto para a própria empresa, que se beneficiará de uma cultura mais inclusiva e inovadora. A transformação começa por uma decisão, mas é sustentada pela continuidade das ações e pela disposição de aprender e crescer juntos.

Vale lembrar que tornar uma empresa antirracista não é uma meta que se alcança uma vez e pronto. Pelo contrário, é um compromisso permanente que precisa ser renovado todos os dias. É sobre criar uma cultura na qual a diversidade seja respeitada, na qual todos tenham a oportunidade de crescer e as diferenças sejam valorizadas como parte fundamental da identidade da organização. E essa constância é que gera uma mudança real, com cada colaborador se sentindo verdadeiramente parte do processo.

Talvez, ao longo do caminho, surjam desafios e resistências, sobretudo em relação às mudanças de mentalidade e cultura. Mas é justamente nessas horas que a importância do seu compromisso se mostra mais forte. É preciso coragem para enfrentar as barreiras e seguir em frente, sabendo que cada esforço contribui para um ambiente de trabalho melhor e mais justo. Lembre-se de que a transformação começa com pequenas ações que, somadas, geram um impacto profundo e duradouro.

Espero que, com as práticas apresentadas aqui, você se sinta preparado para liderar essa transformação. As ferramentas estão ao seu alcance, e a mudança depende de como você as utiliza. Seja um agente de transformação na empresa e inspire outros a fazerem o mesmo. Ao trilhar esse caminho, você não apenas melhora o ambiente de trabalho como também contribui para uma sociedade mais justa e igualitária. O poder de mudar está em suas mãos.

Encerrar um capítulo dedicado à implementação de mudanças em empresas é como fechar um ciclo, mas com os olhos voltados para novos começos. Ao longo destas páginas, falamos de práticas, estratégias e ações que podem transformar um ambiente de trabalho em um lugar mais justo, inclusivo e preparado para acolher a diversidade. Porém, assim como os conceitos de ancestralidade e de aprendizado com o passado nos mostram, cada passo dado é uma oportunidade de refletir sobre o que já foi feito e de abrir novas portas para o que ainda podemos realizar.

O conceito de "ancestrais do futuro" propõe uma reflexão sobre a responsabilidade que temos em relação às futuras gerações e como nossas ações presentes impactam a construção de um legado. Convida-nos a pensar sobre como seremos lembrados por aqueles que virão, destacando a importância de tomar decisões hoje que beneficiem não apenas o presente, mas também aqueles que estarão aqui no futuro. A ideia é que, assim como os nossos antepassados pavimentaram o caminho para que chegássemos até aqui, também devemos agir de forma consciente para deixar um mundo melhor para os próximos.

Esse conceito tem raízes em filosofias e tradições de diferentes culturas, especialmente nas africanas, como a filosofia Sankofa do povo akan, que simboliza a importância de olhar para o passado para entender o presente e, assim, construir um futuro mais consciente e justo. A imagem de um pássaro que olha para trás enquanto caminha para a frente ilustra essa ideia de aprender com as experiências passadas para guiar nossas ações futuras. "Ancestrais do futuro" nos desafia a sermos conscientes do impacto de nossas escolhas, nos posicionando como elos entre as gerações que nos precederam e aquelas que virão.

Como ancestrais do futuro, temos o poder e a responsabilidade de moldar os caminhos para aqueles que virão depois. Ao adotar uma postura antirracista, você não está apenas ajustando uma estratégia de negócio, está pavimentando um caminho para que outras vozes sejam ouvidas, para que outras histórias sejam contadas. É uma jornada que exige coragem, determinação e, acima de tudo, uma visão clara do que queremos deixar para o mundo. Que sua empresa possa ser um exemplo de mudança, de inclusão e de respeito, para que, um dia, sejamos lembrados por termos criado um futuro melhor. Afinal, como nos ensinam as filosofias ancestrais, o que fazemos hoje ecoa no amanhã.

REFERÊNCIAS BIBLIOGRÁFICAS

BENTO, Cida. *O pacto da branquitude*. São Paulo: Companhia das Letras, 2022.

BIGBLUE. Fenty Beauty's Inclusive Revolution: Rihanna's $582M Impact. 2023. Disponível em: https://www.bigblue.co/blog/fenty-beautys-inclusive-revolution-rihannas-582m-impact. Acesso em: 24 maio 2025.

BOSTON CONSULTING GROUP. *Fixing the Flawed Approach to Diversity*. 2019. Disponível em: https://www.bcg.com/publications/2019/fixing-the-flawed-approach-to-diversity. Acesso em: 24 maio 2025.

CARNEIRO, Sueli. *Racismo, sexismo e desigualdade no Brasil*. São Paulo: Selo Negro, 2011.

CUNHA, Manuela Carneiro. *Negros estrangeiros*. São Paulo: Companhia das Letras, 2012.

DAVIS, Viola. *Em busca de mim*. Tradução de Karine Ribeiro. Rio de Janeiro: Record, 2022.

FÓRUM BRASILEIRO DE SEGURANÇA PÚBLICA; IPEA. *Atlas da Violência*. 2018 e 2020. Disponível em: https://forumseguranca.org.br/publicacoes/atlas-da-violencia/. Acesso em: 24 maio 2025.

FÓRUM BRASILEIRO DE SEGURANÇA PÚBLICA. *Anuário Brasileiro de Segurança Pública*. 2020. Disponível em: https://publicacoes.forumseguranca.org.br/items/6ff530e4-8b-9f-4e9f-b5d1-237093813356. Acesso em: 24 maio 2025.

HOOKS, Bell. *Pertencimento:* uma cultura do lugar. São Paulo: Elefante, 2022.

INSTITUTO BRASILEIRO DE GEOGRAFIA E ESTATÍSTICA (IBGE). *Censo demográfico 2022*. Disponível em: https://static.poder360.com.br/2023/12/dados%E2%80%93censo%E2%80%932022%E2%80%93cor%E2%80%93de%E2%80%93pele.pdf. Acesso em: 24 maio 2025.

INSTITUTO BRASILEIRO DE GEOGRAFIA E ESTATÍSTICA (IBGE). *Pesquisa Nacional por Amostra de Domicílios Contínua (PNAD Contínua): Educação 2023*. Disponível em: https://biblioteca.ibge.gov.br/index.php/biblioteca-catalogo?view=detalhes&id=2102068. Acesso em: 24 maio 2025.

INSTITUTO BRASILEIRO DE GEOGRAFIA E ESTATÍSTICA (IBGE). *Pesquisa Nacional por Amostra de Domicílios Contínua: características gerais dos domicílios e dos moradores (PNAD Contínua)*. 2022. Rio de Janeiro. Disponível em: https://biblioteca.ibge.gov.br/index.php/

biblioteca-catalogo?view=detalhes&id=2102004. Acesso em: 24 maio 2025.

KILOMBA, Grada. *Memórias da plantação:* episódios de racismo cotidiano. Rio de Janeiro: Cobogó, 2019.

MCKINSEY & COMPANY. *Diversity matters even more.* 2023. Disponível em: https://www.mckinsey.com/featured-insights/diversity-and-inclusion/diversity-matters-even-more-the--case-for-holistic-impact#/. Acesso em: 24 maio 2025.

OBAMA, Michelle. *Minha história.* Rio de Janeiro: Objetiva, 2018.

TENÓRIO, Jeferson. *O avesso da pele.* São Paulo: Companhia das Letras, 2020.

LEIA TAMBÉM

GALILEU NOGUEIRA
BDP+
BRANDING DE PERTO
UM GUIA PRÁTICO PARA CONSTRUIR E GERENCIAR SUA MARCA
Planeta ESTRATÉGIA

A ARTE DA INSUBORDINAÇÃO

COMO DISCORDAR E DESAFIAR DE MANEIRA EFICIENTE

Planeta ESTRATÉGIA

TODD B. KASHDAN

Acreditamos nos livros

Este livro foi composto em Plantin MT Pro e impresso pela Gráfica Santa Marta para a Editora Planeta do Brasil em junho de 2025.